# Enseñando y aprendiendo español por medio de la acción

## Bertha (Berty) Segal Cook

**Dos libros en uno:**

*Enseñando español por medio de la acción*
es la parte de este libro que corresponde a los profesores.
Incluye instrucciones para profesores sobre el uso del libro
para enseñar español a estudiantes de todas las edades.

*Aprendemos español por medio de la acción*
es para estudiantes.
Se recomienda que sea usado
por alumnos de los grados 3 a 12
(3er año de primaria hasta el final de la secundaria)
y por adultos después de que se hayan enseñado las primeras
tres unidades con estudiantes respondiendo físicamente a mandatos.
Se recomienda que los alumnos de segundo grado para abajo no usen libro alguno.

Editado por Contee Seely
Traduciodo por Pablo Ortega López, Mari Hatter y Contee Seely

**Two books in one:**

*Enseñando español por medio de la acción*
is the teachers' part of this book.
It includes instructions for teachers on using the book
to teach Spanish to students of all ages.

*Aprendemos español por medio de la acción*
is for students.
It is recommended for use
by students in grades 3-12 and adults after
the first three units have been taught with students responding to commands.
It is recommended that students below third grade not use a book at all.

Edited by Contee Seely
Translated by Pablo Ortega López, Mari Hatter and Contee Seely

**Command Performance Language Institute**
28 Hopkins Court
Berkeley, CA 94706-2512
U.S.A.
Tel: 510-524-1191
Fax:510-527-9880
E-mail: info@cpli.net
www.cpli.net

©Bertha Segal Cook, 2012

Ediciones anteriores de las dos partes de este libro eran dos libros que se llamaban *Enseñando el español por medio de acción* y *Aprendemos el español por medio de acción.*

Earlier editions of the two parts of this book were two books that were named *Enseñando el español por medio de acción* and *Aprendemos el español por medio de acción.*

Para obtener copias de
**Enseñando y aprendiendo español por medio de la acción**
contacte a uno de los distribuidores que constan en la lista de la última página o a Command Performance Language Institute, cuya información de contacto está en la página titular.

To obtain copies of
**Enseñando y aprendiendo español por medio de la acción**
contact one of the distributors listed on the final page or Command Performance Language Institute, whose contact information is on the title page.

Arte por Pol (www.polanimation.com)

Art by Pol (www.polanimation.com)

Please note: While this book is not designed or intended primarily for children 12 years of age or younger, it is certainly appropriate and safe to use with learners of all ages.

Primera edición: noviembre de 2012

First edition published November, 2012

ISBN10: 0-938395-26-2  &  0-938395-12-2
ISBN13: 978-0-938395-26-3  &  978-0-938395-12-6

# ÍNDICE
# TABLE OF CONTENTS

# INTRODUCCIÓN

*Enseñando y aprendiendo español por medio de la acción* es un manual completo de lecciones diarias basadas en la técnica de la Respuesta Física Total (TPR) para enseñar español como idioma extranjero. Es una guía excelente para enseñar a estudiantes de cualquier edad, desde el nivel más elemental al intermedio.

Esta técnica ha sido investigada y popalarizada por el Dr. James J. Asher, profesor de psicología de la Universidad Estatal de California en San José, California. El propósito del método del Dr. Asher y de este programa es "preparar al estudiante con una avanzada habilidad de comprensión auditiva para que esté listo para la transición hacia la expresión oral del idioma".[1]

El manual comprende diez unidades de estudio que contienen el vocabulario esencial para entender y hacerse entender en español con éxito. Cada unidad contiene lo siguiente:

1. VOCABULARIO ESENCIAL — Presentación previa de las palabras y frases que serán enseñadas por medio de *mandatos* en las lecciones que siguen.

2. LECCIONES INDIVIDUALES — Una serie de mandatos presentados exactamente como se usarán con los estudiantes. La técnica de enseñar usando la Respuesta Física Total (TPR) ofrece una actividad en la que, tanto el maestro(a), como los estudiantes, experimentan entusiasmo y euforia. Por esta razón, es necesario que las lecciones ofrezcan mandatos bien planeados y en cierto orden. Con estas lecciones, que contienen instrucciones en detalle, usted podrá disfrutar del curso sintiéndose al control de lo situación.

3. PRUEBA O LECCIÓN DE REPASO — Un repaso del vocabulario de la unidad entera. Esta lección debe de darse oralmente. Puede servir como prueba de la comprensión de la unidad.

4. DEMOSTRACIÓN DE LO APRENDIDO — En esta página se marca lo que el estudiante ha aprendido del vocabulario de la lección de repaso, o si necesita más práctica. Esta tabla se puede usar con grupos pequeños de estudiantes o con la clase entera. Este sistema ofrece la oportunidad de saber cómo va progresando el estudiante y también sirve para informar a los padres, a ayudantes, a otros maestros, al director, etc., acerca del progreso de cada alumno.

Usted notará que el vocabulario se va desarrollando muy cuidadosamente. Nunca se introducen más de ocho o menos de cuatro palabras nuevas en cada lección. Al introducirla, cada nueva palabra es usada varias veces como parte de un mandato. Más tarde, es usada de nuevo en la lección siguiente, en el repaso de mandatos y, más tarde, en otras lecciones y unidades. *Aprendemos español por medio de la acción* ofrece mucha práctica para el estudiante. Esta práctica no es tediosa porque las palabras y las frases se recombinan constantemente creando mandatos nuevos.

## CONCEPTOS BÁSICOS – RESPUESTA FÍSICA TOTAL

La técnica de la Respuesta Física Total (TPR) está basada en el concepto de que la adquisición del idioma puede acelerarse si el estudiante usa acciones físicas. El Dr. James J. Asher, profesor de psicología de la Universidad Estatal de San José en California, ha investigado y documentado esta técnica desde 1964. Sin duda es una de las técnicas de aprender idiomas que más se ha investigado hasta la fecha. El Dr. Asher descubrió que niños muy pequeños, que no han asistido a la escuela, pueden entender y hablar mucho más fácilmente que los estudiantes de la secundaria y de la universidad que han tratado de aprender un idioma por métodos tradicionales. Asher ha podido demos-trar que la razón por la cual muchos no han podido aprender a comunicarse en otro idioma es es que no se les ha enseñado de una forma natural, esto es, de la misma manera de que todos aprendemos a comunicarnos en nuestro propio idioma.

Al aprender el idioma nativo:

1. *"La habilidad de entender se desarrolla más rápidamente que la habilidad de hablar* [énfasis agregado]. Por ejemplo, si observamos a niños muy pequeños que todavía no dicen más que una palabra a la vez... demuestran que entienden perfectamente cuando un

adulto les dice: 'Recoge tu camión y tráemelo'!". Asher ha notado que "aún en 1935, investigadores como Gessell y Thompson o Bühler y Hetzer reportaron que, al aprender su primera lengua, los niños entienden mucho lenguaje complejo antes de hablar inteligiblemente". [2] (p. 2-3)

Basado en sus observaciones, Asher deduce que "puede ser que la comprensión auditiva prepare al individuo para la adquisición del habla". (ibid., p. 2-3) El doctor Tracy D. Terrell, del programa de lingüística en del Departamento de Español y Portugués de la Universidad de California, Irvine, está de acuerdo. El Dr. Terrell dice que "la comprensión auditiva es básica. El primer paso que toma el que aprende un idioma es la comprensión auditiva de lo que otros le dicen". [3]

Deducción: La comprensión auditiva del idioma debe de desarrollarse antes del habla.

2. Asher dice que, en la adquisición del idioma nativo, los adultos controlan las acciones físicas de los niños por medio de muchísimos mandatos. *El niño está listo para hablar solo después de muchos meses de moverse siguiendo las instrucciones de los adultos.* [énfasis agregado] Esta es la manera natural de aprender idiomas adicionales. Asher también dice que "los niños adquieren la habilidad de entender de una forma especial… Hay una relación íntima entre el idioma y el cuerpo del niño". (op. cit., p. 2-3)

Deducción: "La comprensión debe desarrollarse por medio de las acciones físicas. El instructor puede dar mandatos para controlar las reacciones de los estudiantes. La mayoría de la estructura gramatical del idioma puede enseñarse por medio del hábil uso del imperativo de parte del instructor". (p. 2-4)

3. El tercer elemento del aprendizaje del idioma nativo es éste: *el habla surge de una manera natural en el primer idioma; nunca se le obliga al niño a hablar.* [énfasis agregado] Asher notó que, en el aprendizaje de idiomas, cuando al estudiante se le obligaba a hablar antes de que estuviera listo para hacerlo, el estrés perjudicaba el aprendizaje en vez de mejorarlo.

El doctor Steven Krashen, del Departamento de Lingüística de la Universidad de Southern California, llega a la misma conclusión. Está de acuerdo en que los estudiantes deben pasar por un "período silencioso" en el cual el estudiante escucha y comprende, sin el estrés que produce el tener que hablar. Él enfatiza que la ansiedad afecta negat.vamente la adquisición de la lengua. "Cuando la ansiedad es menor, la posibilidad de aprender el lenguaje aumenta. En la adquisición del idioma, el nivel de ansiedad debe ser CERO. La ansiedad bloquea el ingreso del idioma". [4]

Deducción: "No trate de obligar a los estudiantes a hablar. Mientras vayan internalizando… el idioma por medio de la comprensión de lo que oyen, llega un punto en que están listos para hablar. Cuando estén listos, el habla surge de una manera natural." [3] (Asher op. cit., p. 2-4) Al principio, el habla no es perfecta, ya que el estudiante comete muchos errores de pronunciación y de gramática. El maestro(a) tiene que usar mucha paciencia, aceptar los errores y limitar escrictamente las correcciones, ya que en las primeras etapas de hablar lo importante es la COMUNICACIÓN. Krashen está de acuerdo. Dice, "La corrección de errores es perjudicial porque aumenta la ansiedad". (op. cit.) Asher dice, "Debemos recordar que, cuando el individuo empieza a hablar, toda su concentración esta enfocada en expresarse oralmente… Por lo tanto, no puede fijarse eficazmente en las correcciones del maestro. Las correcciones no deben interrumpir a un alumno mientras trata de expresarse… Las correcciones deben ser limitadas por una gran tolerancia de errores. La meta de la instrucción debe ser la comunicación (sin inhibición) entendible de parte de personas que hablan el idioma como nativos. Queremos que los alumnos hablen y hablen y hablen. Más tarde pueden perfeccionarse". (op. cit., p. 3-40)

Asher enfatiza que la producción del habla durante la etapa expresiva es natural, y surge espontáneamente como un producto de la internalización del "código" de la lengua durante la etapa receptiva. Las equivocaciones son típicas del período inicial de aprendizaje del idioma extranjero; irán dismi nuyéndose con el tiempo de igual manera que ocurre en la producción del niño de su idioma nativo.

A estas observaciones del Dr. Asher, yo quisiera añadir mis observaciones como maestra y como madre:

Lectura y Escritura — Al aprender el idioma nativo, no se les exige a los niños que lean y escriban hasta que hayan tenido cinco años de experiencia en oír y por lo menos tres años de experiencia hablando. Esto implica que es necesario que no nos apresuremos a enseñar a los estudiantes de una segunda lengua a leer y a escribir. La progresión natural de la adquisición y desarrollo del idioma es: 1) escuchar, 2) hablar y 3) leer y escribir.

Deducción: Debemos tener cuidado de no apresurar a los estudiantes a leer y a escribir si no han tenido bastante experiencia en escuchar y hablar.

Al implementar estos conceptos, este libro provee 102 detalladas lecciones (receptivas) y un plan de desarrollo del habla (expresivo). El programa elimina el estrés porque (1) al principio el estudiante solamente necesita responder a los mandatos físicamente, lo cual es fácil y divertido para la mayoría de los alumnos y (2) el estudiante no necesita expresarse

oralmente hasta que se siente cómodo de hacerlo, cuando ya ha desarrollado un vocabulario auditivo o receptivo de cierta extensión. La mayoría de los estudiantes empiezan a hablar después de unas 8 a 10 horas de lecciones de escuchar (receptivas). ES MUY IMPORTANTE QUE AL ESTUDIANTE SE LE DÉ MUCHO TIEMPO PARA DESARROLLAR EL APRENDIZAJE RECEPTIVO ANTES DE QUE TENGA QUE EXPRESARSE ORALMENTE.

Cuando el estudiante empieza a expresarse oralmente, ocurre porque está listo, porque está entendiendo y porque ha adquirido la confianza necesaria para empezar a hablar. Entiende lo que dice y ha disfrutado del proceso.

REFERENCES (en la página 5)

## INTRODUCTION

*Enseñando y aprendiendo español por medio de la acción* is a comprehensive guide of daily lesson plans implementing the Total Physical Response (TPR) approach to teaching Spanish as a Second Language (SSL). It is an excellent tool for teaching beginning and intermediate SSL students of any age level.

Total Physical Response (TPR) is basically a right-brained approach to second language acquisition. This strategy has been extensively researched and popularized by Dr. James J. Asher, Professor of Psychology at California State University at San José. The intent of Dr. Asher's method and of this program is to "pretune the student with a high level of listening skill so that he will have a perceptual readiness to make a graceful, nonstressful transition to speaking the language."[1]

There are ten units which contain the essential vocabulary needed for survival and success in Spanish. Each unit contains:

1. TARGET VOCABULARY — This is an overview of the words which will be taught via commands in the succeeding group of lessons.

2. INDIVIDUAL LESSON PLANS — A step-by-step detailing of exactly what commands are to be presented. TPR is a euphoric experience for both teachers and students, and it is necessary to have very

well-planned commands at your fingertips in order to remain "in command of the situation." (Pardon the pun.) With these specific directions you will have control as well as enjoyment.

3. TEST OR REVIEW LESSON — This is a review of the vocabulary of the entire unit. This lesson should be given orally. It can serve as a comprehension test for the units.

4. RECORD OF MASTERY — This is a grid for recording mastery (or need for further review) with each Review Lesson. It can serve as (a) a small group (pull-out) grid or (b) a large group (entire class) grid. This provides a record of each student's progress and will be helpful to teachers and resource teachers in reporting to parents, principal, aide, etc.

You will note that vocabulary development is very carefully controlled. There are never more than eight new words or fewer than four new words per lesson. Each new word appears (inside a command) several times during the first presentation, then again in the following lessons, in the Review Commands and in further lessons and units. There is actually a tremendous amount of drill in *Aprendemos español por medio de la acción*. What makes the drill unapparent, and therefore not tedious, is that the words are constantly being recombined in new and different commands. Thus you can drill ad nauseum and never feel nausea.

The Total Physical Response (TPR) approach is based on the concept that language acquisition can be greatly accelerated through the use of kinesthetic behavior (body movement). Dr. James J. Asher, Professor of Psychology at California State University at San José, has researched and documented this approach since 1964. It is certainly one of the most researched second language approaches that exists today. Dr. Asher noted in his early work that young children without schooling easily comprehended and uttered thousands of sentences, but both high school and college students, under professional teachers, found the process of second language learning a stressful and often unsuccessful experience. Asher presents solid evidence to support his theory that we have been largely unsuccessful in teaching second languages (foreign or English) because we have overlooked natural language learning sequences which *have* been successful. The Total Physical Response strategy is based on the model of how children acquire their first language.

In first language acquisition:

1. "*Listening skill is far in advance of speaking* [emphasis added]. For instance, it is common to observe young children who are not yet able to produce more than one-word utterances… demonstrate perfect understanding when an adult says, 'Pick up your red truck and bring it to me!'" Asher noted that, "as far back as 1935 teams of investigators [such] as Gessell and Thompson or Bühler and Hetzer have reported that when children learn their first language, listening comprehension of many complex utterances is demonstrated before these children produce any intelligible speech."[2] (p. 2-3)

Asher infers from his observations, "It may be that listening comprehension maps the blueprint for the future acquisition of speaking." (ibid., p. 2-3) Dr. Tracy D. Terrell, of the Department of Spanish and Portuguese Program in Linguistics, University of California, Irvine, heartily agrees. He states, "The listening comprehension skill is basic. The first step for a language learner is to comprehend the essential idea of what is being said to him."[3]

Implication: Understanding the spoken language should be developed in advance of speaking.

2. Asher notes that, in first language acquisition, adults manipulate children's physical behavior by a massive number of commands. *The infant becomes ready to talk only after many months of moving in response to directions from adults.* [emphasis added] This is nature's model for learning additional languages. Asher continues, stating, "children acquire listening skill in a particular way… There is an intimate relationship between language and the child's body." (op. cit., p. 2-3)

Implication: "Understanding should be developed through movements of the student's body… the instructor can utter commands to manipulate student behavior… most of the grammatical structure of the target language and hundreds of vocabulary items can be learned through the skillful use of the imperative by the instructor." (ibid., p. 2-4)

3. The third element in first language acquisition is: *speech emerges naturally in the first language; it is not forced.* [emphasis added] Asher noted that in second language training, when speech has been forced before the student was ready, the stress that occurred impaired, rather than enhanced, learning.

Dr. Steven Krashen, Department of Linguistics, University of Southern California, has come to the same conclusion. He states his strong support for an early "silent period" in which the student receives comprehensible input, without the stress of having to produce speech. He emphasizes that anxiety strongly affects language acquisition. "The lower the anxiety, the greater the language acquisition . . . For language acquisition, the anxiety level has to be ZERO. Anxiety blocks input."[4]

Implication: "Do not attempt to force speaking from students. As the students internalize… the target language through understanding of what is heard, there will be a point of readiness to speak. The individual will spontaneously begin to produce utterances."[3] (Asher op. cit., p. 2-4) When speech emerges, it will be imperfect, with many distortions in pronunciation and errors in grammar. The teacher must have patience, accept these errors and strongly limit error correction, knowing that, at the beginning stages of speech production, the most important consideration is COMMUNICATION. Krashen agrees. He states,

"Error correction is actually harmful, because it raises the anxiety level." (op. cit.) Asher states, "Remember, when the student begins to speak, the individual's entire attention is directed at trying to produce, so the student cannot attend efficiently to feedback from the instructor. Thus, feedback should not interrupt a student in the middle of an attempt to express a thought... The feedback should be modified by a wide tolerance for errors. The instructional goal should be uninhibited communication that is intelligible to a native speaker. We want students to talk and talk and talk. Eventually, they can be fine-tuned for more perfect speech."(op. cit., p. 3-40)

Asher stresses that speech production (expressive stages) is natural, developmental, and a spontaneous reaction that follows internalization (receptive stages — comprehending) of the target language's "code." In other words, the distortions are a necessary aspect of the early stages of speech development and they will be reduced over time, just as errors are reduced, with time, in production of the child's native language.

I would like to add to Dr. Asher's basic statements my own comments based on my experience as both a teacher and a parent.

Reading and Writing — In first language experience, reading and writing are not required of children until they have had five years of listening experience and at least three years of speaking experience. This implies strongly that it is necessary that we not rush children who are learning a second language into the reading and writing of that language. The natural progression of language acquisition and proficiency is: 1) listening, 2) speaking, and 3) reading and writing.

Implication: We must be careful not to rush students into reading and writing before they have had ample experience with listening and speaking.

In implementing these concepts, this new program provides 102 detailed listening (receptive) lessons and a developmental speaking (expressive) plan. The program removes stress because: (1) the student is required only to respond physically to commands, which most students enjoy doing, and (2) the student is not required to speak until he feels comfortable about expressing himself. Most students begin speaking after approximately 8 to 10 hours of listening (receptive) lessons. IT IS VERY IMPORTANT THAT THE STUDENT BE ALLOWED PLENTY OF TIME FOR THIS RECEPTIVE LEARNING. When the student finally does express him or herself, it is because she is ready, she is understanding and she has the confidence necessary to begin speaking. What she says has meaning for her, and the process has been enjoyable.

REFERENCES

1. Asher, James J. "The Total Physical Response Technique of Learning," Journal of Special Education, 1969, Vol. 3, No. 3.

2. Asher, James J. Learning Another Language Through Actions. 7th Edition. Sky Oaks Productions, Los Gatos, CA, 2009.

3. Terrell, Tracy D. Lecture at Santa Ana College at Conference of Orange County Association for Bilingual Ed/English as a Second Language, 1982.

4. Krashen, Steven D. Lecture at Los Angeles County Department of Education and California State University at Fullerton.

Not cited: Krashen, Steven D. and Tracy D. Terrell. *The Natural Approach: Language Acquisition in the Classroom.* The Alemany Press, San Francisco, 1982.

# EXPRESIÓN ORAL

Para evitar el estrés, no obligue a los estudiantes a hablar hasta que estén listos para hacerlo.

Generalmente, cuando los estudiantes han llegado a la Unidad III del período receptivo (escuchando solamente), ya han empezado a demostrar interés en expresarse oralmente y darán órdenes que han oído en las Unidades I y II.

## Pronunciación

Cuando los estudiantes empiecen a hablar, usted va a notar muchos errores de pronunciación. No trate de corregirlos ni los mencione. En esa etapa el estudiante está concentrándose en expresarse y no puede enfocarse en detalles de pronunciación. Cuando ya estén empleando un vocabulario oral básico, usted podrá empezar a corregir a algunos alumnos que ya pasaron la pubertad. En general antes de la pubertad la pronunciación de los alumnos se mejora sin corrección. Para alumnos mayores, lo más importante es que oigan bien las palabras. También ayuda pronunciar lenta y claramente. Cuando la maestra pronuncia una palabra para que los alumnos la oigan bien, es útil prolongar las vocales y las consonantes fricativas (las prolongables fonéticamente como el sonido de la *f* o la *s*). Si pueden oír una palabra bien, la podrán repetir. Si no, no les ayudará hacerlo.

## NOTA IMPORTANTE

Desde la Unidad IV en adelante, cada sesión de clase contendrá las siguientes dos partes:

1. Los primeros 15 a 20 minutos: Los alumnos *escucharán* y *responderán físicamente* a los mandatos de las nuevas lecciones dentro de la unidad. En esta parte de la clase no hablarán ni leerán ni escribirán.

2. Los siguientes 20 a 30 minutos: Los alumnos *hablarán* y *responderán físicamente*. Desde el principio de la Unidad I, darán los mandatos y otros responderán. Las actividades de *hablar* se basan en material de lecciones realizadas anteriormente cuando los alumnos solo escuchaban y respondían físicamente. Los tipos de actividades de hablar están descritos a continuación en esta sección. En esta parte de la clase los alumnos todavía no leerán ni escribirán.

Los alumnos siempre deben estar al menos dos unidades más adelante en escuchar que en hablar. Deben siempre estar más adelante en hablar que en leer y escribir. La lectura debe preceder a la escritura.

## ETAPAS EXPRESIVAS

### 1. Invirtiendo los roles

Después de unas 10 horas de instrucción, los estudiantes y el maestro(a) deben invertir sus roles, para que los estudiantes den los mandatos a) al maestro(a), b) a otros estudiantes y c) al grupo entero. Recuerde que usted no debe obligar a los estudiantes a actuar de modelo. Escoja a los que se presten voluntariamente. Usted pregunta: "¿Quién quiere ser maestro(a)?"

Cuando el estudiante da los mandatos al maestro(a), la actividad debería ser relativamente breve. A los estudiantes más pequeños les gusta mucho actuar de maestro(a), pero si los deja hacerlo por mucho tiempo el maestro(a) puede terminar extenuado. Después de haberle dado a usted 4 ó 5 mandatos, dígale al "maestro(a)" que dé los mandatos a un pequeño grupo de estudiantes, al grupo entero y a un individuo.

Nota: Algunos de los ejemplos que siguen fueron tomados del libro *Learning Another Language Through Actions* del Dr. Asher. (ver referencias en la página 5)

## 2. Respondiendo a una pregunta con una palabra

Empiece con el modo imperativo. La maestra da el mandato y el estudiante responde físicamente; la maestra pregunta y el estudiante contesta.

**Ejemplo A:** (Un estudiante muy tímido puede señalar solamente.)
"Juan, siéntate en la silla." (Juan se sienta.)
"María, ¿dónde está Juan?" (María puede señalar hacia Juan.)
"Tomás, ¿quién está en la silla?" (Tomás puede señalar hacia Juan y la silla.)

**Ejemplo B:**

| | |
|---|---|
| Imperativo: | "Juan, tírame la pelota". |
| Pregunta: | "¿Quién tiene la pelota?" |
| Respuesta: | "Juan". |
| | "¿Tiene María la pelota?" |
| | "No". |
| | "¿Tiene Juan la pelota?" |
| | "Sí". |

**Ejemplo C:**
"Coge uno (1) y dos (2)".
"Susana, dale el 1 a Enrique".
"¿Quién tiene el 1?"
"Enrique".
"¿Tiene Susana el 1?"
"No".
"¿Tiene Enrique el 1?"
"Sí".

**Ejemplo D:**
"María, pon el 5 en la mesa".
"¿Hay un 5 en la mesa?"
"Sí".
"Pon el 7 debajo de la mesa".
"¿Está el 7 debajo de la mesa?"
"Sí .
(diríjase a la clase entera:) "¿Quién tiene el 5?"
"María".

**Ejemplo E:**
"¿Cuántos?" — Presente de indicativo
Introduzca "¿Cuántos……… tienes?"
Responderán con una palabra.
"Tócate la nariz".
"¿Cuántas narices tienes tú?"
"Una."
"Cierra los ojos".
"¿Cuántos ojos tienes tú?"
"Dos".
"Cuenta las flores".
"¿Cuántas flores tienes tú?"
"Seis".

**Ejemplo F:** Preguntas de *quién*

En este tipo de ejercicio, tú provees a los estudiantes la oportunidad de repasar los colores, partes del cuerpo, objetos, adjetivos, etc.

"Observa a tus amigos".

"¿Quién lleva un vestido rojo, medias rojas y zapatos negros?"

"Gloria".

"¿Quién tiene el cabello rubio y largo y grandes ojos negros?"

"Nadia".

"¿Quién lleva pantalones azules nuevos?"

"Carlos".

"¿Quién lleva una camisa de listas azules, amarillas y verdes?"

"Roberto".

**Ejemplo G:** Pretérito

" Verónica, dame (tírame) la pelota".

"¿Quién me dio (me tiró) la pelota?"

"Verónica".

Nota:    Con el último ejemplo, usted ha introducido una pregunta en el pretérito aunque los estudiantes solo tienen que responder con una palabra.


## 3. Respondiendo con dos o tres palabras

**Ejemplo A:** Presente progresivo

"Raúl, salta. Carolina, corre".

"¿Quién está saltando?"

"Raúl".

(el maestro(a) puede añadir: "Sí, Raúl está saltando")

"¿Quién está corriendo?"

"Carolina".

(el maestro dice: "Sí, Carolina está corriendo")

(en la próxima sesión, el estudiante quizás diga, "Carolina está corriendo")

**Ejemplo B:**

"Guillermo, toma agua".

"¿Quién está tomando agua?"

"Guillermo".

"¿Qué está tomando?"

"Agua".

(el maestro(a) dice: "Guillermo está tomando agua")

## NIVELES DE PREGUNTAS

Mientras los alumnos van desarrollando su habilidad de hablar, es importante que el maestro les haga preguntas que correspondan a su nivel de habilidad de producir su nuevo idioma. Cuando la pregunta contiene vocabulario y las mismas formas gramaticales que la respuesta requiere, el alumno puede contestar con relativa facilidad. Además, cuanto más breve la respuesta, más fácil es producirla. Responder a preguntas a niveles adecuados aumenta progresivamente la confianza de los alumnos al hablar.

Al preguntar a los estudiantes, siga los siguientes niveles de preguntas:

Nivel 1 — ¿Quién está bailando? ¿Está Juan bailando?
La maestra provee el vocabulario. Los estudiantes responden con Sí/No o un nombre.

Nivel 2 — ¿Está ella bailando o está estudiando?
La maestra provee el vocabulario. Los estudiantes responden con un verbo.

Nivel 3 — ¿Dónde está ella sentada?
La maestra provee vocabulario parcial. Los estudiantes responden con una frase breve, por ejemplo: "en la silla".

Nivel 4 — ¿Qué está haciendo?
Los estudiantes proveen el vocabulario y generalmente contestan con una oración completa.

**Ejemplo C:** Preguntas de "¿Dónde?"
"Pon el 6 en la mesa".
"¿Dónde está el 6?" (tiempo presente)
"En la mesa".
(No es necesario que los estudiantes respondan: "El 6 está en la mesa". Si dicen: "En la mesa," es suficiente por ahora.)

"Pon el 6 debajo del 5".
"¿Dónde está el 6?"
"Debajo del 5".

"Pon el 4 en la cabeza de Sandra".
"¿Dónde está el 4?"
"En la cabeza de Sandra".

**Ejemplo D:** El reloj
Los estudiantes pueden hacer relojes de platos de cartón usando cartulina para las manecillas. Esto solo toma unos diez minutos y ayuda al estudiante a entender más rápidamente.

"Pon tu reloj a las 6:30" (seis y media), etc.
"Son las 9 en punto" (los estudiantes ponen sus relojes a esa hora).

Después: "Pon tu reloj a las 7:30".
"¿Qué hora es?"
"Son las 7:30".

## 4. Frases cortas

*Frases cortas — presente progresivo*

El maestro toca la mesa y dice: "Yo toco la mesa".
Sigue tocando la mesa y dice: "Yo estoy tocando la mesa" (presente progresivo).
"Yo toco mis libros".
"Yo estoy tocando mis libros".
"Timoteo, toca tus libros".
El maestro se dirige a la clase: "Timoteo está tocando sus libros".
"Timoteo, ¿qué estás haciendo tú?"
"Estoy tocando mis libros".

"¿Qué está haciendo Timoteo?"
"Él está tocando sus libros".

"Sara, toca el libro amarillo".
"Carolina, toca el libro amarillo que Sara está tocando". (frase más larga)
"Carolina, ¿qué estás haciendo?"
"Estoy tocando el libro amarillo que Sara está tocando".
(Este ejercicio puede hacerse con el posesivo: *mis*, *tus*, etc., o con los artículos determinados *los* y *las* o también con los indeterminados *unos* y *unas*.)

*Frases cortas — pretérito*

Cuando los estudiantes ya se saben los ejercicios en el presente, introduzca el pasado de la misma manera. (Recuerde los niveles de preguntas en la p. 9. Los números abajo se refieren a los niveles de preguntas.)

"Federico, tira las flores al suelo".
"Elena, recoge las flores que Federico tiró al suelo".
"¿Tiró Federico las flores?" (Nivel 1)
"Sí".
"¿Recogió Pablo las flores?" (Nivel 1)
"No".
"¿Recogió Elena las flores?" (Nivel 1)
"Sí".
"¿Donde tiró las flores?" (Nivel 3)
"En el suelo".
"¿Qué hizo Federico?" (Nivel 4)
"(Él) tiró las flores".
"¿Qué flores recogió Elena?" (Nivel 3)
"Las flores que Federico tiró al suelo".

"María, escribe tu nombre".
"Borra el nombre que María escribió". (Nivel 1)
"¿Qué hizo María?" (Nivel 4)
"¿Qué hiciste tú?", etc.
"Borró el nombre que María escribió".

**Ejemplo A:**
"Ustedes se levantarán cuando yo cuente hasta tres". (Cuente o aplauda tres veces)

**Ejemplo B:**
"Yo contaré (Contaremos) hasta cinco. Al llegar a cinco, Juan caminará hacia la puerta, Jorge escribirá su nombre en el pizarrón y Luisa abrirá su libro".
"¿Qué hará Juan?"
"Caminará hacia la puerta".
"¿Qué hará Jorge?"
"Escribirá su nombre en el pizarrón".
"¿Qué hará Luisa?"
"Abrirá su libro".

**Ejemplo C:**
(Usando de un reloj grande, mueva las manecillas muy despacio.)
"Laura, a las 10:30 tú gritarás".
"¿Qué hará Laura a las 10:30?"
"Gritará" o "Ella gritará".
(Mueva las manecillas hasta que llegue a las 10:30 y en ese momento Laura grita.)

**Ejemplo D:**
"Marco, a las 5:15 tú irás al pizarrón, Esteban abrirá la puerta y Linda cerrará sus ojos".
"¿Correrá Esteban hacia la ventana?"
"No".
"¿Saltará linda?"
"No".
"¿Irá Marco al pizarrón?"
"Sí".
"¿Qué hará Marco (Esteban, Linda) a las 5:15?"
"Irá al pizarrón".

**5. Frases más largas, oraciones completas.**

"Socorro y Alberto, esta noche ustedes irán a la tienda y comprarán una camisa para su padre". (Haga un cartel que diga "esta noche". Los estudiantes pueden practicar acciones usando el tiempo futuro. Si los estudiantes no reconocen "esta noche," enséñeles un dibujo o fotografía de una escena nocturna con luna, estrellas, etc.)
"¿A dónde irán esta noche?"
"Iremos a la tienda".
"¿Qué harán allá?"
"Iremos de compras".
"¿Qué comprarán?"
"Compraremos una camisa".
"¿Cuándo irán?"
"Iremos esta noche".

## 6. Listas

"¿Qué comes en la mañana?"
"¿Qué ves en este cuadro?"
"¿Qué comprarás en el mercado?"

## 7. Información personal

"Escribe tu nombre".
"Escribe tu apellido".
"Antonio, escribe Sr. antes de tu nombre".
   etc.
"Lee lo que Antonio escribió".

(Después de introducir el gerundio, el pasado y el futuro del modo indicativo y de practicarlos con frecuencia, el maestro(a) puede escoger los que necesite repasar.)

Ejemplo:     "¿Qué está escrbiendo Felipe?"
                "¿Qué escribió Felipe?"
                "¿Qué escribirá Antonio?" (antes de que lo haga)

## 8. Expresando emociones o estados de ánimo

Los alumnos representan emociones y estados de ánimo y el maestro los describe y describe sus acciones. Se pueden proyectar los dibujos que están en la p. 69 bajo el título "Estados de ánimo y emociones".

| | | |
|---|---|---|
| enojado(a)(s) | nervioso(a)(s) | alegre(s) |
| triste(s) | cansado(a)(s) | miedo |

Ejemplos:  "Julio está enojado" (pone mala cara).
             "Julio frunce el ceño".
             "Adriana está triste" (finge llorar).
             "Ella está llorando".
             "Ella está buscando un pañuelo".
             "Ella se limpia la nariz".
             "Tamara está nerviosa" (finge comerse las uñas).
             "Ella se come las uñas". etc.

## 9. Representaciones cortas luego de lecturas

Cuando los estudiantes han adquirido suficientes palabras, la maestra puede leerles cuentos cortos que ellos entiendan y proseguir con las siguientes ideas:

    a.  La maestra lee el cuento dos veces. Los estudiantes no tienen copia del cuento. Escuchan solamente.

    b.  Al leer el cuento una vez más, voluntarios representan los diferentes personajes y llevan carteles con los nombres de los personajes.

c. Los estudiantes contestan preguntas acerca del cuento con *sí* o *no* y preguntas con *quién(es)*, *qué*, *dónde* y *cuándo*.

## 10. Representando oficios o profesiones

Divida la clase en dos o tres grupos. Cada grupo representa y hace el papel de los miembros de cierta profesión u oficio. El equipo que adivina primero el oficio o profesión de otro grupo gana un punto.

## 11. Uso del negativo

"Héctor, coge dos revistas. Pon una en la mesa y lee la otra".
"Lorena, coge la revista que él no está leyendo".

"Sandra, escribe tu nombre".
"Ana, escribe tu nombre".
"Fabián, borra el nombre que Ana no escribió".

Juego de "Pancho Camancho" (negativo y gerundio)

Cada estudiante recibe un cartel con una imagen que representa un verbo de acción. Puede ser un dibujo de palitos. Empiece así:
    "Pancho Camancho no está limpiando la ventana; él está comiendo".
El estudiante con el cartel que representa *comiendo* se levanta y dice:
    "Pancho Camancho no está comiendo, él está bailando".
El que tiene el cartel que representa *bailando* se levanta, y así sucesivamente.

Este juego se puede jugar con objetos o carteles de objetos y cualquier verbo que quiera usar el alumno a quien le toca hablar.

También se puede usar el pretérito:
    "Pancho Camancho no comió carne; escribió una carta".
    "Pancho Camancho no escribió una carta; leyó el periódico".
    "Pancho Camancho no leyó el periódico; dibujó en la pared".

## 12. Más práctica del pretérito del indicativo (incluya varias acciones)

"Siéntate en la silla anaranjada".
"Señala al estudiante que se sentó en la silla anaranjada".

"Mario, corta el papel".
"Mariana, tira el papel que él cortó".
"Silvia, recoge el papel que ella tiró al piso".

"Jacobo, levántate".
El maestro dice:
"Él se levantó".

"María y Rosa, levántense".
El maestro dice:
"Ellas se levantaron".
"Alicia, levántate, ve al pizarrón, escribe tu nombre y siéntate".
"Alicia se levantó, fue al pizarrón, escribió su nombre y se sentó".

Los estudiantes pueden contestar preguntas de *quién*, *qué*, *cuántos*, *cuándo* y *dónde*.

## 13. Los estudiantes representan breves series graciosas de acciones (sin memorizar).

Ejemplos excelentes de tales series se encuentran en *¡Viva la acción!: Live Action Spanish* por Elizabeth Kuizenga Romijn y Contee Seely (Command Performance Language Institute, www.cpli.net).

## 14. Los estudiantes inventan diálogos y los representan.

Avoid stress by not having students speak until they are ready.

Generally, by the time students are into Unit III on the receptive (listening) level, they have begun to demonstrate the wish to be expressive and will express commands they have heard in Units I and II.

## Pronunciation

When students first begin to speak, you will notice many errors in pronunciation. Do not attempt to alter these or comment. The student is concentrating so hard on simply speaking that he's not ready to absorb the finer points of pronunciation. Allow for errors and plan on correcting some post-puberty students later, when they have a comfortable basic speaking vocabulary. In general before puberty, students' pronunciation improves without correction. For older students, it is most important for them to hear the words well. It is also helpful to pronounce slowly and clearly. When the teacher pronounces a word as a model for students to hear it well, it is helpful to prolong vowel sounds and fricative consonant sounds (the ones that can be prolonged, like the sounds of *f* and *s*). If they can hear a word well, they will be able to repeat it. If not, there is no point in repeating it.

### NOTE ESPECIALLY

From Unit IV on, each class session will have both of the following parts:

1. The 1st 15-20 minutes: Students will *listen* and *respond physically* to the commands in the new lessons in the unit. In this part they will not speak, nor will they read or write.

2. The next 20-30 minutes: Students will *speak* and *respond physically*. From the beginning of Unit I, they will be giving commands as other students respond to them. The speaking activities are based on material in lessons which have previously been covered when students were only listening and responding physically. The types of speaking activities are described below in this section. In this part of the class session students are still not reading or writing.

Students should always be at least 2 units ahead in listening comprehension of where they are in speaking. They should also always be ahead in speaking of where they are in reading and writing. Reading should precede writing.

### SPEAKING (Expressive stages)

## 1. Role Reversal

After approximately ten hours of instruction, students and teacher reverse roles and individual students command: a) the instructor, b) other individuals, and c) the whole group. Remember, the students who command must be volunteers. The teacher simply asks, "Who wants to be teacher?"

Keep this relatively short. Young students delight in instructing the teacher to jump, run, skip to the blackboard and turn, etc. They can easily wear you out physically. After four or five commands, have the "teacher" command a small group, the entire group, and one other individual.

NOTE: A few of the following examples are taken from Dr. Asher's excellent book, *Learning Another Language Through Actions*. (see references on p. 5)

**2. One-word Response to a Question**

Start with the imperative. Teacher commands and student responds physically; teacher asks question and student answers.

Present Tense

**Example A:** (An extremely shy child may need the opportunity to simply point.)

"Juan, siéntate en la silla." (Juan sits down.) "María, ¿dónde está Juan?"

(María can simply point to Juan.) "Tomás, ¿quién está en la silla?" (Tomás can point to Juan and his chair.)

**Example B:**
Imperative: "Juan, tírame la pelota."
Question: "¿Quién tiene la pelota?"
Response: "Juan."
"¿Tiene María la pelota?"
"No."
"¿Tiene Juan la pelota?"
"Sí."

**Example C:**
"Coge uno (1) y dos (2)".
"Susana, dale el 1 a Enrique".
"¿Quién tiene el 1?"
"Enrique."
"¿Tiene Susana el 1?"
"No".
"¿Tiene Enrique el 1?"
"Sí".

**Example D:**
"María, pon el 5 en la mesa."
"¿Hay un 5 en la mesa?"
"Sí".
"Pon el 7 debajo de la mesa."
"¿Está el 7 debajo de la mesa?"
"Sí .
(to the class:) "¿Quién tiene el 5?"
"María."

**Example E:**
How Many? (Present Tense)
Introduce "¿Cuántos ......... tienes?"
A short answer is expected.
"Tócate la nariz."
"¿Cuántas narices tienes tú?"
"Una."
"Cierra los ojos."
"¿Cuántos ojos tienes tú?"

"Dos."
"Cuenta las flores."
"¿Cuántas flores tienes tú?"
"Seis."

**Example F:** *Who* questions
(In the following you are providing more opportunities to hear vocabulary review colors, body parts, objects, adjectives, etc.)
"Observa a tus amigos".
"¿Quién lleva un vestido rojo, medias rojas y zapatos negros?"
"Gloria".
"¿Quién tiene el cabello rubio y largo y grandes ojos negros?"
"Nadia".
"¿Quién lleva pantalones azules nuevos?"
"Carlos".
"¿Quién lleva una camisa de listas azules, amarillas y verdes?"
"Roberto".

**Example G:** Past Tense
"Verónica, dame (tírame) la pelota".
"¿Quién me dio (me tiró) la pelota?"
"Verónica".

Note: With this last example, you've introduced a past tense question, but all that is required is a one-word response.

### 3. Two- and Three-Word Responses

**Example A:** Present progressive tense
"Raúl, salta. Carolina, corre."
"¿Quién está saltando?"
"Raúl."
(Teacher can add, "Sí, Raúl está saltando".)
"¿Quién está corriendo?"
"Carolina".
(Teacher says, " Sí, Carolina está corriendo".)
(By next session, student may say, "Carolina está corriendo".)

**Example B:**
"Guillermo, toma agua."
"¿Quién está tomando agua?"
"Guillermo".
"¿Qué está tomando?"
"Agua."
Teacher says: "Sí, Guillermo está tomando agua".

## LEVELS OF QUESTIONS

As students gradually develop their ability to speak, it is important for the teacher to ask them questions at a level that fits their level of ability to produce their new language. When the question contains the vocabulary and the same grammatical forms that the answer requires, the student can answer with relative ease. Also, the shorter the required response, the easier it is to produce it. Answering appropriate levels of questions gives students confidence to speak at progressing levels.

In questioning students, follow these levels of questions:

Level 1 — ¿Quién está bailando? ¿Está Juan bailando?
(Teacher provides vocabulary; students respond with *Sí/No* or name (Juan).)

Level 2 — ¿Está ella bailando o está estudiando?
(Teacher provides vocabulary; students respond with verb.)

Level 3 — ¿Dónde está ella sentada?
(Teacher provides partial vocabulary; students respond with a short phrase like "en la silla.")

Level 4 — ¿Qué está haciendo ella? (Students provide vocabulary and usually answer with a complete sentence.)

**Example C:** Questions with *dónde*

"Pon el 6 en la mesa."
"¿Dónde está el 6?" (present tense)
"En la mesa."
 (It is not necessary for students to respond, "El 6 está en la mesa." "En la mesa" is adequate.)

"Pon el 6 debajo del 5".
"¿Dónde está el 6?"
"Debajo del 5".

"Pon el 4 en la cabeza de Sandra".
"¿Dónde está el 4?"
"En la cabeza de Sandra".

**Example D:** Time Telling

Students can make clocks out of paper plates with construction paper hands. Takes about ten minutes and helps students to understand faster.

"Pon tu reloj a las 6:30" (seis y media), etc.
"Son las 9 en punto." (Students set clocks.)

Then: "Pon tu reloj a las 7:30."
"¿Qué hora es?"
"Son las 7:30."

**4. Short Phrases** (present progressive)

Teacher touches the table and says: " Yo toco la mesa".
Teacher shows continuous motion of touching and says: " Yo estoy tocando la mesa". (present progressive tense)
"Yo toco mis libros".
"Yo estoy tocando mis libros".
"Timoteo, toca tus libros".
 (To the class:) "Timoteo está tocando sus libros".
"Timoteo, ¿qué haces tú?" o "qué estás haciendo tú?"
"Estoy tocando mis libros".

"Sara, toca el libro amarillo".
"Carolina, toca el libro amarillo que Sara está tocando". (longer phrase)
"Carolina, ¿qué estás haciendo?"
"Estoy tocando el libro amarillo que Sara está tocando".
(This exercise can be done with the possessives *mis, tus,* etc., or with the definite articles *los* and *las* or with the indefinite articles *unos* and *unas*.)

Short Phrases (Past Tense)

When students are able to perform the exercises in the present, introduce the past in the same way you introduced the present. (Remember the levels of questions on p. 18. The numbers below refer to the levels of questions.)

"Federico, tira las flores al suelo".
"Elena, recoge las flores que Federico tiró al suelo".
"¿Tiró Federico las flores?" (Level 1)
"Sí".
"¿Recogió Pablo las flores?" (Level 1)
"No".
"¿Recogió Elena las flores?" (Level 1)
"Sí".
"¿Donde tiró Federico las flores?" (Level 3)
"Al suelo".
"¿Qué hizo Federico?" (Level 4)
"(Él) tiró las flores".
"¿Qué flores recogió Elena?" (Level 3)
"Las flores que Federico tiró en el suelo".

"María, escribe tu nombre".
"Borra el nombre que María escribió". (Level 1)
"¿Qué hizo María?" (Level 4)
"¿Qué hiciste tú?", etc.
"(Yo) borré el nombre que María escribió".

Short Phrases (Future Tense)

**Example A:**

"Ustedes se levantarán cuando yo cuente hasta tres".  (Count or clap hands.)

**Example B:**

"Yo contaré (Contaremos) hasta cinco. Al llegar a cinco, Juan caminará hacia la puerta, Jorge escribirá su nombre en el pizarrón y Luisa abrirá su libro".
"¿Qué hará Juan?"
"Caminará hacia la puerta".
"¿Qué hará Jorge?"
"Escribirá su nombre en el pizarrón".
"¿Qué hará Luisa?"
"Abrirá su libro".

**Example C:**

(Using big clock and moving the hands slowly)
"Laura, a las 10:30 tú gritarás".
"¿Qué hará Laura a las 10:30?"
"(Ella) gritará".
(Move hands to 10:30, and Laura screams.)

**Example D:**

"Marco, a las 5:15 tú irás al pizarrón, Esteban abrirá la puerta y Linda cerrará sus ojos".
"¿Correrá Esteban hacia la ventana?"
"No".
"¿Saltará Linda?"
"No".
"¿Irá Marco al pizarrón?"
"Sí" .
"¿Qué hará Marco (Esteban, Linda) a las 5:15?
"(Él) irá al pizarrón".

### 5. Longer Phrases, Complete Sentences

"Socorro y Alberto, esta noche ustedes irán a la tienda y comprarán una camisa para su padre". (Hold up card reading "esta noche". Students proceed through actions. If *esta noche* needs review, display an image of a night scene with moon and stars, etc.)
"¿A dónde irán esta noche?"
"Iremos a la tienda".
"¿Qué harán allá?"
"Iremos de compras".
"¿Qué comprarán?"
"Compraremos una camisa".
"¿Cuándo irán?"
"Iremos esta noche".

### 6. Lists

"¿Qué comes en la mañana?"
"¿Qué ves en este cuadro?"
"¿Qué comprarás en el mercado?"

## 7. Personal Data

"Escribe tu nombre".
"Escribe tu apellido".
"Antonio, escribe *Sr.* antes de tu nombre".
   etc.
"Lee lo que Antonio escribió".

(Now that the present progressive, past and future tenses have been introduced and practiced often, you can choose whatever tense you feel you need to review.)

Example:      "¿Qué está escribiendo Felipe?"
                 "¿Qué escribió Felipe?".
                 (before he does it:) "¿Qué escribirá Antonio?"

## 8. Acting Out States of Being

Students act out feelings and teacher describes them and describes their actions. The drawings on p. 69 under the title "Emociones y estados de ánimo" can be projected on a screen.

| | | |
|---|---|---|
| enojado(a)(s) | nervioso(a)(s) | alegre(s) |
| triste(s) | cansado(a)(s) | miedo |

Examples:

"Julio está enojado" (pone mala cara).
"Julio frunce el ceño".
"Adriana está triste" (finge llorar).
"Ella está llorando".
"Ella está buscando un pañuelo".
"Ella se limpia la nariz".
"Tamara está nerviosa" (finge comerse las uñas).
"Ella se come las uñas". etc.

## 9. Acting Out Following Reading

By this time students hove acquired enough vocabulary to listen to and understand short stories. Procedure for readings, using vocabulary that students are acquainted with:

a. A story is read twice by the teacher. Students listen. Students do not have of copy of the story.

b. The story is read a third time and this time volunteer students act it out. Students wear large cards with the names of the characters they are playing.

c. Students are asked *sí*-or-*no* questions and *quién(es)*, *qué*, *dónde* and *cuándo* questions about the story.

## 10. Acting Out Occupations

Divide the class into two or three teams. Students from each team are given the same occupation to act out. The team to guess the occupation of another group first gets a point.

## 11. Negative

"Héctor, coge dos revistas. Pon una en la mesa y lee la otra".
"Lorena, coge la revista que él no está leyendo".

"Sandra, escribe tu nombre".
"Ana, escribe tu nombre".
"Fabián, borra el nombre que Ana no escribió".

"Pancho Camancho" game (Negative with present progressive tense) (This is a verbal "Hot Potato" game.)

Each student receives one cue card with a stick figure depicting an action verb. Start out:
"Pancho Camancho no está limpiando la ventana; él está comiendo."
The person with the eating card quickly stands up and says, "Pancho Camancho no está comiendo; él está bailando."
The person with dancing card quickly stands up, and so on.

"Pancho Camancho" may be played with objects and any verb the student whose turn it is wishes to use.

Negative and Past Tense:
"Pancho Camancho no comió carne; escribió una carta".
"Pancho Camancho no escribió una carta; leyó el periódico".
"Pancho Camancho no leyó el periódico; dibujó en la pared".

## 12. More Past Tense (Integrate several actions)

"Siéntate en la silla anaranjada".
"Señala al estudiante que se sentó en la silla anaranjada".

"Mario, corta el papel".
"Mariana, tira el papel que él cortó al piso".
"Silvia, recoge el papel que ella tiró al piso".

"Jacobo, levántate".
The teacher says: "Él se levantó".

"María y Rosa, levántense".
The teacher says: "Ellas se levantaron".

"Alicia, levántate, ve al pizarrón, escribe tu nombre y siéntate".
"Alicia se levantó, fue al pizarrón, escribió su nombre y se sentó".

Ask questions with *quién*, *qué*, *cuántos*, *cuándo* and *dónde*.

## 13. Students Act Out Short, Humorous Situations (no memorization)

Excellent samples of these are in *¡Viva la acción!: Live Action Spanish* by Elizabeth Kuizenga Romijn and Contee Seely (Command Performance Language Institute, www.cpli.net).

## 14. Students Create Own Dialogues and Act Them Out

# Instrucciones para la maestra sobre el uso de este libro de parte de los estudiantes

En la mayoría de los casos, en el nivel elemental, después de que los estudiantes han sido expuestos a las primeras 3 unidades, respondiendo físicamente a los mandatos, habrán comenzado a cambiar de roles en su primera fase de hablar; es decir, habrán comenzado a dar las órdenes a la maestra, a pequeños grupos y a estudiantes individuales. Generalmente, en el nivel secundario (y en escuelas para adultos inclusive), la inversión de roles habrá empezado antes del final de la segunda unidad.

Cuando los alumnos han hecho las siguientes dos cosas, están preparados para leer y usar el material en estas 2 ó 3 unidades:
1. Mostrar que comprenden el material de las 2 ó 3 primeras unidades (saliendo aprobados en las pruebas con un mínimo del 85% de respuestas correctas)

2. Haber empezado a dar órdenes usando el mismo material

De allí en adelante, siempre estarán por lo menos 2 unidades más adelante en escuchar que en hablar. Deben siempre estar más adelante en hablar que en leer y escribir.

Siguiendo estas reglas, el profesor está asegurado de que el estudiante entiende todo lo que está diciendo, leyendo y escribiendo. Otra ventaja es que a causa de que el estudiante continuamente estará viendo las palabras correctamente escritas lección tras lección y hay revisión incorporada cada día, el impacto visual de esto resulta en una mucho mejor ortografía. Los estudiantes solamente estarán deletreando palabras que entienden y usan.

## TRANSFERENCIA DE ESCUCHAR → HABLAR → LEER → ESCRIBIR

Ésta era la meta del profesor en la primera etapa al concentrarse en la comprensión. Las primeras órdenes escuchadas por los estudiantes se convierten ahora en la primera página escrita que ellos encontrarán en las lecciones en la segunda parte de este libro, Aprendemos español por medio de la acción.

## ORGANIZACIÓN Y CONTENIDOS

Algunas páginas del libro son simples imágenes que ayudarán a proporcionar información comprensible sobre el significado del vocabulario y agregarán humor. Su segundo propósito es mostrar a los estudiantes que pueden hacer dibujos sencillos que pueden comunicar el sentido muy bien. De hecho, la página 36 es una colección de dibujos realizados por los estudiantes. Los estudiantes disfrutan dibujando para mostrar el significado; además, dibujar les ayuda en la retención.

Cada unidad está precedida por una página de vocabulario nuevo, "Vocabulario esencial". Estas páginas se utilizarán para desarrollar el *Diccionario de imágenes* de cada estudiante. El tamaño de las imágenes de el diccionario puede variar de 3" x 3" (9 dibujos en una hoja de 8 1/2" x 11"), de 2" x 2" (16 dibujos en una hoja de 8 1/2" x 11"), o, simplemente, uno en cada hoja. Instrucciones específicas sobre cómo iniciar el *Diccionario de imágenes* y una página de muestra de vocabulario nuevo se encuentran a continuación en la página 26.

Las lecciones de cada unidad contienen todo el vocabulario en la página correspondiente de "Vocabulario esencial". La revisión está integrada en cada lección. El vocabulario nuevo siempre se incluye dentro de los "Mandatos". Los "Mandatos novedosos" proporcionan recombinaciones de vocabulario nuevo y viejo. Recombinar las distintas partes y darles sentido es una verdadera prueba de la adquisición del lenguaje. Así, los estudiantes están haciendo ejercicios, pero son ejercicios con humor. Los estudiantes disfrutan del humor y rara vez se dan cuenta de que están haciendo ejercicios.

En *www.cpli.net/apredemospruebas* podemos encontrar las pruebas copiables (o lecciones de repaso) de cada unidad . En cada prueba se usan 25 a 48 mandatos con dibujos hechos por sus propios estudiantes. Ver la muestra parcial de las páginas de pruebas con instrucciones en la p. 28. Muchos maestros apuntan los resultados de cada prueba de cada estudiante en una hoja individual para poder mostrarles su progreso a ellos mismos, a administradores y a sus padres. Si usted no tiene acceso al internet y a una impresora, avísenos para ver si podemos hacerle llegar las pruebas de otra manera. Nuestra información de contacto se encuentra en la página titular al principio del libro.

## IMÁGENES

p. 37 (Unidad I) El propósito de esta página es familiarizar a los estudiantes con la escritura de los nombres de las partes del cuerpo. En las lecciones de escuchar que deben usarse antes que los estudiantes comiencen a utilizar este libro, todo el trabajo debe hacerse usando sus propios cuerpos.

p. 36 (Unidades I y II) Se trata de un ejemplo de reordenamiento de 9 dibujos realizados por varios estudiantes* (3 filas por 3 columnas). Este tipo de páginas se puede utilizar para el trabajo oral en clase, con el profesor preguntando qué significa cada dibujo. O, dibujos graciosos pueden ser proyectados mientras los estudiantes responden oralmente. Más tarde, los estudiantes pueden leer los mandatos y asociarlos con los dibujos adecuados. Y aún más tarde, los estudiantes pueden escribir el significado de cada dibujo.

Los estudiantes, a través de su clase y las tareas escolares de dibujo, contínuamente le darán a usted los dibujos que se necesitan para el trabajo oral, lectura (asociación de los mandatos escritos con los dibujos), trabajo escrito y pruebas. Basta con copiar, cortar y reorganizar los dibujos para crear una variedad de actividades de opción múltiple.

Nota: Los maestros han encontrado que el uso de los propios dibujos de los estudiantes crea un mayor sentido de pertenencia y la participación que el uso de dibujos preparados. Esta mayor participación aumenta la velocidad de aprendizaje y mejora la retención. Además, los estudiantes disfrutan de ver sus dibujos en su salón y en las pruebas. Hay el doble beneficio del humor en sus dibujos y de su familiaridad con los dibujos. Ambos reducen la tensión al momento de dar la prueba.

p. 69 Estados de ánimo y emociones) Esta página funciona bien con la etapa 8 de las actividades de expresión oral, "Etapas expresivas" (p. 12  ). Amplíe estas imágenes o las de los estudiantes que muestren una variedad de emociones. La ampliación debe cubrir la cara entera del estudiante. Lamine las imágenes para que duren más. Pida a los estudiantes que elijan una emoción y que la actúen. Describa la emoción que actúe cada estudiante.

p. 89 (Unidad VI) Pida a los estudiantes que traigan objetos reales de sus casas. Una vez que los estudiantes han visto estos objetos de la casa en su contexto y son conscientes de su tamaño relativo, pueden asociar las imágenes con las palabras adecuadas y luego escribirlas.

p. 90 (Unidad VI) Después de que hayan completado el *Diccionario de Imágenes*, los alumnos serán capaces de describir las acciones de humor de los personajes en este dibujo. *Harrap's Communication Games* por Jill Hadfield (1984) es una excelente fuente de imágenes graciosas. Se encuentran muchas más en el internet.

p. 91 (Unidad VI) Los estudiantes podrían usar estas imágenes con sus propios dibujos para su *Diccionario de imágenes* y para sus lecciones diarias. También pueden colorear las fotos en respuesta a la orden verbal o escrita del profesor. Asegúrese de incluir algunos mandatos nuevos e inusuales junto con los "normales" ("Coloree de verde la bañera", "Come la computadora", etc.)

p. 127 (Unidad IX) Muestre o proyecte imágenes grandes y coloridas de los animales en medioambientes naturales. Descríbalas con énfasis en detalles como el color, el tamaño, el número, etc. y en lo que esté sucediendo.

pp. 137 (Unidad X) Pida a los estudiantes que traigan a la clase grandes fotos a color o fotos de las personas en su trabajo, en su ropa de trabajo o uniformes. Que traigan ejemplos identificables de los equipos o de la ropa de trabajo de sus padres. Que traigan tantos ejemplos como puedan para ayudar a describir las profesiones y para que la experiencia sea más realista.

## INSTRUCCIONES PARA EL PROFESOR Unidad por Unidad

### Unidad I

Asegúrese de que se han recogido en el aula todos los elementos necesarios, de modo que los alumnos tengan los materiales necesarios para seguir las órdenes. (Los estudiantes pueden ayudarle a recoger estos artículos como algunas de sus tareas iniciales.) La lista de "Vocabulario esencial" (p. 38) indica los elementos necesarios.

### Unidad II

Ver las instrucciones que para la Unidad I.

### Unidad III

Revise la lista de "Vocabulario esencial" (p. 55). Tenga en cuenta que muchos de los elementos de esta unidad se relacionan con el jardín de infantes. Si usted no enseña en un jardín de infantes, cambie estos artículos para adaptar el material a su clase.

### Unidad IV

Revise la lista de "Vocabulario esencial" (p. 70). Lleve prendas reales de vestir. Pida a los estudiantes que también traigan prendas de vestir. Los estudiantes de todas las edades disfrutan usando prendas reales de vestir. No es necesario que la ropa se ajuste perfectamente; a menudo es más divertido cuando la ropa no se ajusta. Indumentaria adicional y máscaras pueden ser útiles también. Además, habrá que usar imágenes o fotos para ilustrar vocabulario. Asegúrese de que las imágenes sean a color y muestren relación con el tamaño.

### Unidad V

Compruebe la lista de "Vocabulario esencial" (p. 81). Usted podría realizar (algunas de) estas lecciones fuera del aula, o utilizar imágenes o fotos de las diferentes partes de la escuela o su personal. Los equipos podrían variar de una escuela a otra. Por lo tanto, ciertos términos podrían variar también. En tal caso, use (o sustituya) solamente los términos relevantes.

### Unidad VI

Revise la lista de "Vocabulario esencial" (p. 92).

Usted necesitará muchos artículos del hogar y del jardín. Pida a los estudiantes que traigan tantos elementos reales como puedan. Para los artículos más grandes (refrigerador, fregadero, horno, lavadora, secadora, etc.), traiga modelos de plástico o use fotos grandes.

### Unidad VII

Revise la lista de "Vocabulario esencial" (p. 106). Reúna tantas frutas y verduras reales o de plástico como sea posible para estas lecciones. Utilice cajas vacías de cereal y galletas y envases plásticos de mostaza y de salsa de tomate con las etiquetas originales. (Mejor no usar envases de vidrio porque pueden ser peligrosos.) Siempre que se pueda, utilice los elementos reales. Esto proporciona más diversión y crea una mayor retención de lo que logran las imágenes. Utilice representaciones plásticas e imágenes cuando los elementos reales no estén disponibles.

### Unidad VIII

Revise la lista de "Vocabulario esencial" (p. 116). Esta unidad revisa objetos de la clase, colores, números, formas, alimentos y ropa e introduce el tiempo futuro. Lea cada lección previamente con cuidado para que esté preparado con los elementos necesarios.

### Unidad IX

Revise la lista de "Vocabulario esencial" (p. 128). Frases en tiempo pasado están incluidas en los mandatos de esta unidad. Los conceptos básicos de Boehm son revisados en esta unidad. Será útil contar con un conjunto de animales de plástico y 2 ó 3 series impresas de imágenes de color de los animales que figuran en la columna de sustantivos (preferiblemente imágenes que muestren la relación de tamaño).

### Unidad X

Revise la lista de "Vocabulario esencial" (p. 138). Utilice muñecos de plástico para representar los diferentes oficios y profesiones, o pida a los estudiantes que traigan prendas representativas. Añada los oficios y profesiones de los padres, familiares y amigos de los estudiantes. Usted además necesitará varios instrumentos musicales. Al igual que antes, utilice elementos reales siempre que sea posible.

**Para todas las unidades**

¡Relájese y disfrute! Dele rienda suelta a su propio sentido del humor y al de sus alumnos. Bienvenido a la alegría la adquisición del lenguaje por medio de la acción.

Bertha (Berty) Segal

## INICIO DEL DICCIONARIO DE IMÁGENES

El maestro anuncia: "Usted ya sabe estas palabras. Ahora leámoslas juntos". El maestro señala cada palabra, la lee y la actúa, y los alumnos imitan (en coro, no individualmente), diciendo las palabras y actuándolas. El profesor escoge estudiantes para dibujar cinco acciones (bastaría que dibujaran personajes con palitos) y entre 5 a 8 sustantivos (con simples dibujos de colores) para demostrar que conocen el significado de cada palabra. La duración de la tarea depende del nivel y de la habilidad de los estudiantes.

| Acciones | Sustantivos | Otros |
|---|---|---|
| ponte (pónganse) de pie | hombro(s) | tu |
| siéntate (siéntense) | cabeza(s) | y |
| camina (caminen) | oreja(s) | mi |
| da (den) vueltas | ojo(s) | arriba |
| párate (párense) | boca(s) | abajo |
| canta (canten) | nariz/narices | alrededor de/del |
| tócate (tóquense) | pecho(s) | hacia |
| toca (toquen) | brazo(s) | el |
| sonríe (sonrían) | pie(s) | encima |
| salta (salten) | pierna(s) | sobre |
| brinca (brinquen) | mano(s) | la |
| señala (señalen) | dedo(s) | los |
| coge (cojan) | silla(s) | las |
| recoge (recojan) | mesa(s) | |
| pon (pongan) | pared(es) | |
| | pupitre(s) | |
| | puerta(s) | |
| | ventana(s) | |
| | lápiz (lápices) | |
| | libro(s) | |
| | pelota(s) | |
| | tiza(s) | |

Nota:   Para cada lección (Ésta es una lección de muestra):

Divida a los estudiantes en grupos de dos. Escoja un alumno para que dé varias órdenes incluidas en la lección a un segundo alumno. El segundo alumno las ejecuta. Entonces ellos invierten sus papeles y el estudiante 2 da órdenes al estudiante 1 y el estudiante 1 las ejecuta.

O, escoja estudiantes alternantes: el estudiante 1 da las órdenes dentro de la sección de revisión, el estudiante 2 da las órdenes de la sección de mandatos, y el estudiante 1 da las órdenes de la sección de mandatos novedosos. Entonces ellos invierten sus papeles.

Cualquiera de estas dos opciones se puede también hacer con grupos de 4, con los estudiantes tomando turnos para ser el líder (el que da las órdenes).

Una vez que el trabajo oral sea realizado, escoja estudiantes para dibujar figuras con palitos o imágenes simples que muestren que entienden el significado de las órdenes. Pueden ser dibujadas en hojas separadas, etiquetadas, por ejemplo "Unidad 1, Lección 4", de manera que la lección sea claramente identificada.

**Traslado de Hablar → Escribir → Leer**

Después de que los estudiantes han dado algunas órdenes entre sí, durante la etapa de hablar, el maestro puede decir: "Nosotros oímos algunas órdenes excelentes hoy. ¿Quién se acuerda del mandato que (Jaime) dio?" El maestro dice: "Bueno, tú me das la orden y yo la escribiré". Y el maestro sigue este procedimiento:

1. El (los) estudiante(s) dicta(n) la orden.
2. El maestro escribe el mandato en la pizarra, en una hoja muy grande o en un proyector.

    Capacidad de atención:
    - 6-8 mandatos en el nivel primario
    - 10-12 mandatos en el nivel de escuela intermedia
    - 15-18 mandatos de en el nivel secundario
3. Los alumnos leen en voz alta los mandatos después de que todos han sido escritos por el profesor.
4. Los estudiantes copian todas las órdenes. Luego de esto se les envía una tarea para la casa.

---

**UNIDAD I**     **Lección 4**     **PARTES DEL CUERPO OBJETOS DE LA CLASE**

MANDATOS DE REPASO

Tócate el brazo; el dedo; la mano
Tócate la cabeza; los dedos; las manos; los brazos
Salta... Siéntate... Ponte de pie... Canta y párate
Camina... Da vueltas... Párate
Tócate el hombro y el pecho

MANDATOS

Toca (toquen) la pared... Toca (toquen) la mesa; la silla
Camina (caminen) hacia la silla... Camina hacia la pared
Señala la mesa; la silla; la pared
Señala hacia arriba; hacia abajo
Salta... Siéntate
Pon tu brazo (pie) arriba y abajo... Señala tu cabeza
Señala tus pies

MANDATOS NOVEDOSOS

Salta encima de la silla
Salta encima de la mesa
Pon tu cabeza (nariz) en la mesa; la silla
Pon tu pecho (oreja) en la mesa; silla
Siéntate sobre la mesa... Párate sobre la mesa
Pon tu pie en la pared
Pon tus pies en la pared (NOTA: deje que traten de hacer esto aunque no puedan.)
Pon la silla sobre la mesa y pon tus dedos sobre la silla

---

Los estudiantes pueden utilizar este libro de muchas maneras. A continuación se presentan una serie de sugerencias que han funcionado bien.

## TAREA

Pida a los alumnos que vuelvan a copiar las 6, 8, 10 o 15 órdenes que se han desarrollado y escrito en clase. Esta vez deben dejar un espacio de aproximadamente 1.5 pulgadas (4 cm.) entre cada dos órdenes. En cada espacio deben dibujar una figura que muestre que comprenden el significado del mandato. Estas figuras deben ser dibujadas con lápiz negro o tinta para que el profesor pueda copiarlas fácilmente y proyectarlas o repartirlas en la clase. El profesor las coloca de tal manera que haya 3 filas horizontales de figuras de palitos y 3 columnas verticales — 9 dibujos en total (ver p. 28). Entonces pueden ser utilizadas para un ejercicio oral en clase en el que el maestro pregunta: "¿Qué significa esta figura?" En una fecha posterior, estas mismas hojas se pueden utilizar como la base para un ejercicio escrito en clase o para una tarea.

Más sugerencias para las tareas:

- Los estudiantes deben traer objetos, representaciones plásticas, juguetes e imágenes a color para las lecciones de escuchar y las lecciones de hablar.
- Pida a los estudiantes recopilar imágenes o fotos que muestren el significado de las órdenes dentro de la lección.
- Grabaciones — El profesor (o un estudiante avanzado) puede realizar una grabación de las órdenes. La grabación puede ser puesta a disposición de los estudiantes para que ellos puedan escucharla en casa y ejecutar las órdenes.

Sabiendo de antemano cuáles son los mandatos de la prueba (ver muestra parcial abajo de la prueba de la Unidad I), el maestro utiliza los dibujos que los alumnos harán y entregarán como tareas de casa y de la clase. Escoja los dibujos más comprensibles y graciosos, cópielos y arréglelos en filas de 3 ó 4 ilustraciones y columnas de 3 ó 4 ilustraciones. Etiquete cada una con una letra (*a*, *b*, *c*, *d* horizontalmente, luego haga lo mismo para las ilustraciones de las demás filas (Ver p.34)). En cada línea uno de los dibujos es el correcto y el alumno escribe la letra indicada sobre una hoja aparte. Usted habrá creado una prueba de opción multiple. Los alumnos apuntan la letra correcta *a*, *b*, *c* o *d* en su hoja como respuesta al mandato oral del maestro.

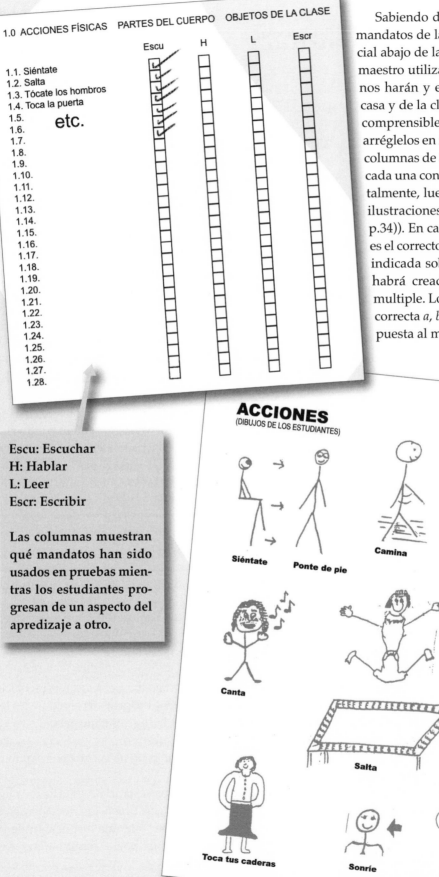

1.0 ACCIONES FÍSICAS   PARTES DEL CUERPO   OBJETOS DE LA CLASE

| | Escu | H | L | Escr |
|---|---|---|---|---|

1.1. Siéntate
1.2. Salta
1.3. Tócate los hombros
1.4. Toca la puerta
1.5.
1.6.
etc.
1.7.
1.8.
1.9.
1.10.
1.11.
1.12.
1.13.
1.14.
1.15.
1.16.
1.17.
1.18.
1.19.
1.20.
1.21.
1.22.
1.23.
1.24.
1.25.
1.26.
1.27.
1.28.

Escu: Escuchar
H: Hablar
L: Leer
Escr: Escribir

Las columnas muestran qué mandatos han sido usados en pruebas mientras los estudiantes progresan de un aspecto del apredizaje a otro.

## ACCIONES
(DIBUJOS DE LOS ESTUDIANTES)

Siéntate   Ponte de pie   Camina   Da vueltas

Canta   Baila

Salta

Toca tus caderas   Sonríe   Toca tus hombros

# Directions for the Use of This Book by Students

In most cases, on the elementary level, after the students have been exposed to the first 3 units, responding physically to the commands, they will have started their first stage of speaking, role reversal; that is, they will have started giving the commands to the teacher, to small groups and to individual students. Generally, in middle school, high school and adult classes, role reversal will have started by the end of the second unit.

When students have done two things in particular, they are ready to read and use the material in these 2 or 3 units. These are the two things they must have done:

1.  They have demonstrated aural comprehension of the material in the first 2 or 3 units (passing the tests with at least 85% correct responses).
2.  They are giving commands using the same material.

From this point on, the students will always be at least 2 units ahead in listening comprehension of where they are in speaking, and speaking must always be ahead of reading and writing.

By following the above rules, the teacher is assured that the student understands everything that (s)he is saying, reading, and writing. Another bonus is that because the student will continually be seeing the words correctly spelled in lesson after lesson, and there is review built in each day, the visual impact of this results in much improved spelling. Students will only be spelling words they understand and use.

## TRANSFER FROM LISTENING → SPEAKING → READING → WRITING

This was the teacher's goal while working on comprehension first. The first commands that the students heard now become the first page that they will encounter in the student part of this book, Aprendemos español por medio de la acción.

## ORGANIZATION AND CONTENTS

Some pages in the book are simple pictures that will help provide comprehensible input for vocabulary meaning and to provide humor. Their second purpose is to show students that they can draw simple pictures that can communicate meaning very well! In fact, page 36 is a collection of drawings made by students. Students enjoy drawing to show meaning, and drawing helps retention.

Each unit is preceded by a new vocabulary page, "Vocabulario esencial." These pages will be used to develop each student's Picture Dictionary. The size of the pictures in the dictionary may vary from 3" x 3" (9 pictures on an 8 1/2" x 11" sheet) to 2" x 2" (16 pictures on an 8 1/2 x 11" sheet), or simply one on each sheet. Specific directions on how to start the Picture Dictionary, and a sample new vocabulary page is found below on pages 31 and 32.

The lessons in each unit contain all the vocabulary on the corresponding Vocabulario esencial page. Review is built in to every lesson. The new vocabulary is always included inside the Mandatos (commands). The Mandatos novedosos (novel commands) provide recombinations of new and old vocabulary. Recombining the different parts and making sense of them is a real test of language acquisition. Thus the students are getting drill, but it is drill with humor. The students enjoy the humor and rarely realize they are being drilled.

At ***www.cpli.net/aprendemospruebas*** you can find the copiable tests (or review lessons) for each unit. On each test 25 to 48 commands are used with drawings made by your own students. See the partial sample of test pages with directions on pp. 28 and 33. Many teachers note the results of every test taken by each student on an individual sheet so they can show their progress to the students, to administrators and to parents. If you do not have access to the Internet and a printer, please let us know so that we can attempt to get the tests to you by another means. Our contact information is on the title page at the beginning of the book.

p. 37 (Unit I) The purpose of this page is to familiarize students with the written words for the parts of the body. In the listening lessons which are intended to be used before students start using this book, all work should be done using their real bodies.

p. 36 (Units I and II) This is a sample rearrangement (3 across and 3 down) of drawings done by several students. Pages like this can be used for oral work in class, with the teacher asking what each of the drawings means. Or particularly humorous drawings may be projected the students respond orally. Later, students may read commands and match them to the appropriate drawings. And even later, you may have students write the meaning of each drawing.

Students, via their class and homework drawing assignments will be providing you with a continuous supply of the drawings you will need for oral work, reading (matching), written work, and testing. Simply copy, cut, and rearrange the drawings for a variety of multiple-choice activities.

Note: Teachers have found that using their students' own drawings creates a greater sense of ownership and involvement than using prepared drawings. This increased involvement increases the rate of learning and improves retention. Also, students enjoy seeing their drawings in classwork and on tests. There is the double benefit of the humor in their drawings and of their familiarity with the drawings. Both reduce the tension of test-taking.

p. 69 (Moods and Emotions) This page works very well with Stage 8, of the Speaking Activities, Acting out States of Being (p. 15). Enlarge these or the students' pictures showing the various emotions, so that the enlargement is enough to cover the student's entire face. Laminate the pictures, so that they're durable. Have students choose an emotion and act it out. Put words to whatever the student acts out.

p. 89 (Unit VI) Have students bring in real household objects from home. Once students have seen these household objects in context and are aware of their relative size, they can match the pictures to the correct words, and later fill in the correct words.

p. 90 (Unit VI) After students have completed the Picture Dictionary, they will be able to describe the humorous actions of the characters in this picture. Harrap's Communication Games by Jill Hadfield (1984) is one excellent source of humorous pictures. There are many more on the Internet.

p. 91 (Unit VI) Students may use these pictures along with their own drawings for their Picture Dictionary and for their daily lessons. They may also color the pictures in response to the teacher's oral or written command. Make sure to include some outrageous novel commands along with the "normal" ones. ("Colorea de verde la bañera," "Come la computadora," etc.)

p. 127 (Unit IX) Show or project large, colorful pictures of animals in their natural habitats and environments. Describe these pictures, with emphasis on the concrete words (color, size, number, etc.) and the action taking place.

pp. 137 (Unit X) Have students bring to class large colorful pictures or photographs of people at their work in their work outfits or uniforms. Have them bring in identifying samples of their parents' work clothes or equipment. Bring in as much realia as possible to help describe the professions, and make the experience more real.

## DIRECTIONS TO THE TEACHER Unit by Unit

### Unit I

Make sure that you have collected all the classroom items that are needed, so that students have the necessary materials to follow the commands. (Students can help you collect these items as early homework assignments.) The list of Vocabulario esencial (p. 38) indicates the items needed.

### Unit II

See instructions for Unit I.

## Unit III

Check the list of Vocabulario esencial (p. 55). Please note that many of the items in this unit are related to kindergarten. If you do not teach kindergarten, change these items to fit what is relevant to the grade you teach.

## Unit IV

Check the list of Vocabulario esencial (p. 70). Bring in real articles of clothing. Encourage students to also bring in articles of clothing. Students of all ages enjoy using the actual articles of clothing. The clothing does not need to fit; it's often more fun when the clothes don't fit. Appropriate costumes and masks are useful too. You will also need to use pictures or photos to illustrate vocabulary. Make sure the pictures are colorful and show size relationship.

## Unit V

Check the list of Vocabulario esencial (p. 81). You may choose to hold (some of) these lessons outside the classroom, or use large illustrations or photos of the different parts or personnel of the school. Different schools have different equipment. Use (or substitute) relevant terms only.

## Unit VI

Check the list of Vocabulario esencial (p. 92). You will need many household and yard items. Have students help you bring in as many real items as possible. For the larger items (refrigerator, sink, oven, washer, dryer, etc.), bring in plastic models or display photos.

## Unit VII

Check the list of Vocabulario esencial (p. 106). Gather as many real or plastic fruits and vegetables as you can for these lessons. Use empty cereal, cracker boxes and plastic mustard and ketchup containers with the original labels. (It is best not to use glass containers because of the danger of breaking.) Whenever possible, use the real items. They provide more fun, and create greater retention than pictures do. Use plastic representations and pictures when the real items are not available.

## Unit VIII

Check the list of Vocabulario esencial (p. 116). This unit reviews classroom objects, colors, numbers, shapes, food, and clothing and introduces the future tense. Be sure to read each lesson carefully, ahead of time, to be prepared with the items you need.

## Unit IX

Check the list of Vocabulario esencial (p. 128). Past tense phrases are included in commands in this unit. Boehm's Basic Concepts are reviewed in this unit. It will be helpful to have a set of plastic animals and 2 or 3 sets of colored pictures (preferably pictures which show size relationship) of the animals listed in the Sustantivos column.

## Unit X

Check the list of Vocabulario esencial (p. 138). Use plastic dolls to represent the different occupations, or ask the students to bring in representative articles of clothing to indicate the occupations. Add occupations of the students' parents, relatives, and friends. You will also need several musical instruments. As before, use the real items whenever possible.

### For All the Units

Relax and enjoy yourself! Allow for your own and your students' sense of humor. I welcome you to the JOY of language acquisition through action.

Bertha (Berty) Segal

## BEGINNING OF PICTURE DICTIONARY

Teacher announces, "You already know these words. Now let's read them together." Teacher points to each word, reads it, and acts it out, and students mimic (in chorus, not individually), saying the words and acting them out. Teacher assigns students to draw 5 actions (in stick figures) and 5 to 8 nouns (simple colored drawings) to show they know the meaning of each word. The length of the assignment depends on the grade level and ability of the students.

| Acciones | Sustantivos | Otros |
|---|---|---|
| ponte (pónganse) de pie | hombro(s) | tu |
| siéntate (siéntense) | cabeza(s) | y |
| camina (caminen) | oreja(s) | mi |
| da (den) vueltas | ojo(s) | arriba |
| párate (párense) | boca(s) | abajo |
| canta (canten) | nariz/narices | alrededor de/del |
| tócate (tóquense) | pecho(s) | hacia |
| toca (toquen) | brazo(s) | el |
| sonríe (sonrían) | pie(s) | encima |
| salta (salten) | pierna(s) | sobre |
| brinca (brinquen) | mano(s) | la |
| señala (señalen) | dedo(s) | los |
| coge (cojan) | silla(s) | las |
| recoge (recojan) | mesa(s) | |
| pon (pongan) | pared(es) | |
| | pupitre(s) | |
| | puerta(s) | |
| | ventana(s) | |
| | lápiz (lápices) | |
| | libro(s) | |
| | pelota(s) | |
| | tiza(s) | |

Divide students in groups of two. Have one student give several commands in the lesson to the second student. The second student acts them out. Then they reverse the roles and student 2 gives the commands to student 1 and student 1 acts them out. Or have students alternate: Student 1 gives the commands in the review section (Mandatos de repaso), student 2 gives the commands in the new commands section (Mandatos), and student 1 gives the commands in the novel commands section (Mandatos novedosos). Then they reverse roles.

Either of these options can be done with groups of 4, with students taking turns being the leader (the one who gives the commands). Once the oral work is done, have the students draw stick figures or pictures to show they understand the meaning of the commands. These can be drawn on a separate sheet, labeled for example "Unit 1, Lesson 4," so that the lesson is clearly identified.

**UNIDAD I**      **Lección 4**      **PARTES DEL CUERPO OBJETOS DE LA CLASE**

**MANDATOS DE REPASO**
Tócate el brazo; el dedo; la mano
Tócate la cabeza; los dedos; las manos; los brazos
Salta... Siéntate... Ponte de pie... Canta y párate
Camina... Da vueltas... Párate
Tócate el hombro y el pecho

**MANDATOS**
Toca (toquen) la pared... Toca (toquen) la mesa; la silla
Camina (caminen) hacia la silla... Camina hacia la pared
Señala la mesa; la silla; la pared
Señala hacia arriba; hacia abajo
Salta... Siéntate
Pon tu brazo (pie) arriba y abajo... Señala tu cabeza
Señala tus pies

**MANDATOS NOVEDOSOS**
Salta encima de la silla
Salta encima de la mesa
Pon tu cabeza (nariz) en la mesa; la silla
Pon tu pecho (oreja) en la mesa; silla
Siéntate sobre la mesa... Párate sobre la mesa
Pon tu pie en la pared
Pon tus pies en la pared (NOTA: deje que traten de hacer esto aunque no puedan.)
Pon la silla sobre la mesa y pon tus dedos sobre la silla

Students can use this book in many ways. Below are a number of suggestions that have worked.

**IN THE CLASSROOM**

**Transfer from Speaking → Writing → Reading**

After students have given a number of commands to each other, during the Speaking stage, the teacher may say, "We heard some excellent commands to–day. Who remembers the command that (Jaime) gave?" Teacher says "OK, you give me that command and I'll write it down." And the teacher follows this procedure:

1. Student(s) dictate the command.
2. Teacher writes the command on the chalkboard, on a large chart-sized sheet or on a projector.

> Attention Span:
> • 6-8 commands on the elementary level
> • 10-12 commands on the middle school level
> • 15-18 commands on the high school level

3. Students read the commands aloud after they all have been written by the teacher.
4. Students copy all the commands. This leads to a homework assignment.

## HOMEWORK

Ask students to recopy the 6, 8, 10, or 15 commands that were developed and written in class; only now they must be written about 1 1/2 inches (4 cm.) apart. In the 1 1/2 (4 cm.) space, they are to draw a stick figure which shows they comprehend the meaning of the command. These should be drawn with black pencil or ink so they can be copied easily. They can then be copied by the teacher for use in class with a projector or to make copies to be passed out to the class. The teacher can arrange them so that there are 3 stick figures across and 3 down — 9 drawings in all. Then they can be used for an oral exercise in class in which the teacher asks, "What does this stick figure mean?" At a later date, these same sheets can be used as the basis for a written exercise, in class or for homework.

More Homework Suggestions:

> • Students collect items, plastic representations, toys, and colored pictures for listening and speaking lessons.
> • Have students collect pictures or photos which show the meaning of the commands in the lesson.
> • Recordings — The teacher (or an advanced student) can make a recording of the commands. The recording can be made available to the students so that they can listen to it at home and act out the commands.

## TESTING

Knowing in advance what the test items are (see partial sample test of Unit I below), the teacher uses the drawings that will be made and handed in by the students as part of their classwork and homework assignments. Choose the most comprehensible and humorous drawings, copy them, and rearrange them in rows of 3 or 4 pictures across, and 3 or 4 pictures down. Label each of them with a letter (a, b, c, d across, then 2nd line a, b, c, d across, etc. (See p. 34)). In each line, one of the pictures is the correct item, and the student writes the correct letter on a separate test sheet. You will have created a multiple choice test. Students record the correct letter a, b, c, or d on their test sheet in response to the teacher's oral command.

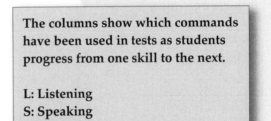

The columns show which commands have been used in tests as students progress from one skill to the next.

L: Listening
S: Speaking
R: Reading
W: Writing

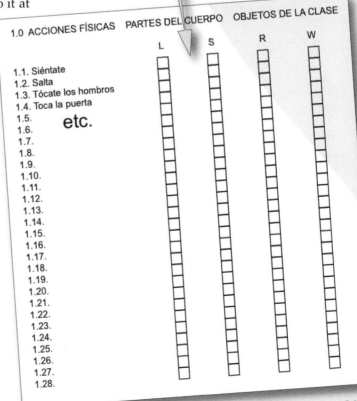

1.0 ACCIONES FÍSICAS    PARTES DEL CUERPO    OBJETOS DE LA CLASE

L    S    R    W

1.1. Siéntate
1.2. Salta
1.3. Tócate los hombros
1.4. Toca la puerta
1.5.    **etc.**
1.6.
1.7.
1.8.
1.9.
1.10.
1.11.
1.12.
1.13.
1.14.
1.15.
1.16.
1.17.
1.18.
1.19.
1.20.
1.21.
1.22.
1.23.
1.24.
1.25.
1.26.
1.27.
1.28.

# *Aprendemos español por medio de la acción*

## Bertha (Berty) Segal Cook

### Libro del estudiante
### Student Book

ISBN-13: 978-0-938395-12-6        ISBN-10: 0-938395-12-2

# ACCIONES
(DIBUJOS DE LOS ESTUDIANTES)

**Siéntate**

**Ponte de pie**

**Camina**

**Da vueltas**

**Canta**

**Salta**

**Baila**

**Toca tus caderas**

**Sonríe**

**Toca tus hombros**

# Partes del cuerpo

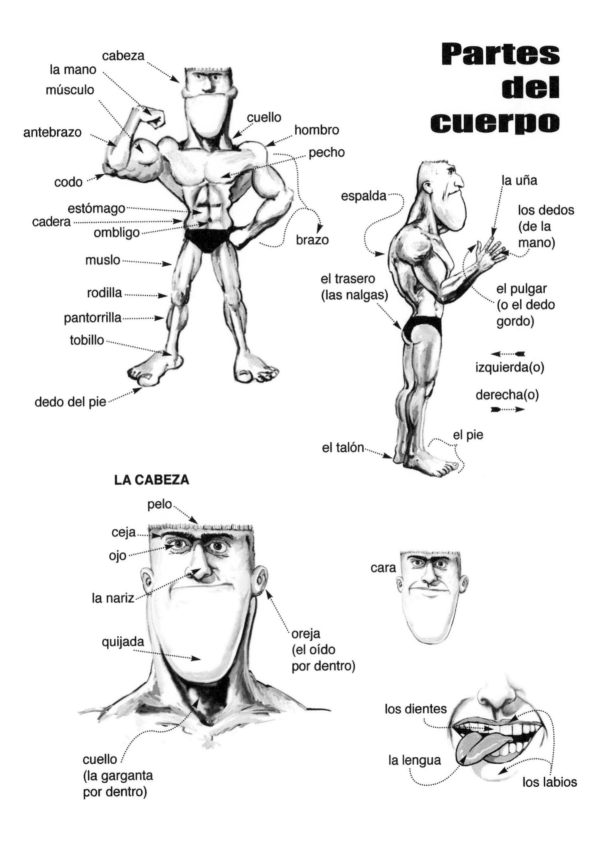

cabeza

la mano

músculo

antebrazo

codo

estómago

cadera

ombligo

muslo

rodilla

pantorrilla

tobillo

dedo del pie

cuello

hombro

pecho

brazo

espalda

el trasero
(las nalgas)

el talón

la uña

los dedos
(de la
mano)

el pulgar
(o el dedo
gordo)

izquierda(o)

derecha(o)

el pie

**LA CABEZA**

pelo

ceja

ojo

la nariz

quijada

oreja
(el oído
por dentro)

cuello
(la garganta
por dentro)

cara

los dientes

la lengua

los labios

**37**

# VOCABULARIO ESENCIAL — LECCIONES 1-7

En esta unidad, usted podrá combinar estas acciones con este vocabulario.

| Acciones | Sustantivos | Otros |
|---|---|---|
| ponte (pónganse) de pie | hombro(s) | tu |
| siéntate (siéntense) | cabeza(s) | y |
| camina (caminen) | oreja(s) | mi |
| da (den) vueltas | ojo(s) | arriba |
| párate (párense) | boca(s) | abajo |
| canta (canten) | nariz/narices | alrededor de/del |
| tócate (tóquense) | pecho(s) | hacia |
| toca (toquen) | brazo(s) | el |
| sonríe (sonrían) | pie(s) | encima |
| salta (salten) | pierna(s) | sobre |
| brinca (brinquen) | mano(s) | la |
| señala (señalen) | dedo(s) | los |
| coge (cojan) | silla(s) | las |
| recoge (recojan) | mesa(s) | |
| pon (pongan) | pared(es) | |
| | pupitre(s) | |
| | puerta(s) | |
| | ventana(s) | |
| | lápiz (lápices) | |
| | libro(s) | |
| | pelota(s) | |
| | tiza(s) | |

Use tantas combinaciones de acciones y palabras como pueda. Invente nuevas combinaciones para que los estudiantes puedan demostrar que han entendido el significado y uso del vocabulario.

NOTAS: Combine el uso de mandatos en singular (dirigidos a una persona) y en plural (dirigidos a dos o más personas). Por ejemplo: "Tócate la cabeza" y "Tóquense la cabeza".

Use sustantivos en el singular y plural. Por ejemplo: *mano* y *manos*.

Al usar el reflexivo con verbos como *tócate* y partes del cuerpo que existen en pares como los ojos, las piernas, etc., usted puede introducir el concepto de izquierdo/a y derecho/a. Ejemplos: "Tóquense el ojo izquierdo" y "Tóquense la pierna derecha". Y más adelante: "Tóquense el ojo derecho con la mano izquierda".

Cada lista de "Vocabulario esencial" en este libro contiene varias opciones. Las palabras o frases intercaladas dentro del margen de cada lista son sinónimas de las que las preceden. A veces estas palabras son regionalismos o palabras típicas de un país hispano. Aunque todas son usadas en los mandatos, seleccione una en cada caso y úsela consecuentemente para evitar que los estudiantes se confundan.

# UNIDAD I    Lección 1                ACCIONES FÍSICAS

## MANDATOS DE REPASO
No hay repaso. Suponemos que los estudiantes no saben nada.

## MANDATOS
Ponte (pónganse) de pie

Siéntate (siéntense)

Camina (caminen)

Da (den) vueltas

Párate (párense)

Canta (canten)

Repita estos mandatos y continúe cambiando el orden de los mandatos. Continúe dando mandatos a diferentes grupos de estudiantes. Empiece con grupos de 2 a 3 estudiantes, cambia a grupos de 4 a 6 estudiantes, a la clase entera, a otros de 3 a 4 estudiantes, siempre tomándoles de sorpresa. Cuando los grupos no anticipan los mandatos, prestan más atención por no saber cuándo les toca su turno.

NOTA:
Obviamente en una sesión más larga, con estudiantes de más edad, usted será capaz de cubrir más de una lección. Una sesión podría incluir 2, 3 ó 4 lecciones (cuatro es raro). No vaya a la siguiente lección hasta que todos o la mayoría de sus estudiantes estén demostrando que confían en la respuesta física de sus mandatos.

MANDATOS DE REPASO

Ponte de pie

Siéntate

Camina

Da vueltas

Canta

Párate

MANDATOS

Tócate los hombros… Tócate la nariz

Tócate la cabeza… Tócate los ojos

Tócate la oreja… Canta

Tócate la boca… Tócate el hombro

Ponte de pie… Tócate la nariz… Sonríe

Siéntate… Tócate la boca… Canta

Párate… Deja de cantar… Da vueltas… Tócate los ojos… Sonríe

Camina… Tócate la cabeza… Sonríe

Ponte de pie… Siéntate… Sonríe

Ponte de pie… Siéntate… Sonríe… Tócate el hombro

## MANDATOS DE REPASO

Ponte de pie… Siéntate… Da vueltas… Camina… Párate… Tócate la cabeza;
    los ojos

Tócate la boca… Canta

Tócate la nariz; las orejas

Tócate los hombros… Sonríe

## MANDATOS

Ponte de pie… Tócate el pecho… Siéntate

Tócate los pies… Camina y sonríe… Salta… Párate

Tócate las piernas… Ponte de pie

Tócate las orejas… Da vueltas… Párate

Tócate la mano y el pie… Salta… Sonríe

Salta… Tócate el dedo y el pecho

Siéntate… Tócate el brazo y sonríe

Tócate la cabeza… Tócate la pierna

Tócate el hombro derecho (izquierdo)… Salta y párate

Tócate el pecho y el pie

## MANDATOS NOVEDOSOS

Siéntate encima de la mano derecha

Siéntate encima de la pierna izquierda

Camina con las manos y sonríe

## MANDATOS DE REPASO

Tócate el brazo; el dedo; la mano

Tócate la cabeza; los dedos; las manos; los brazos

Salta… Siéntate… Ponte de pie… Canta y párate

Camina… Da vueltas… Párate

Tócate el hombro y el pecho

## MANDATOS

Toca (toquen) la pared… Toca (toquen) la mesa; la silla

Camina (caminen) hacia la silla… Camina hacia la pared

Señala la mesa; la silla; la pared

Señala hacia arriba; hacia abajo

Salta… Siéntate

Pon tu brazo (pie) arriba y abajo… Señala tu cabeza

Señala tus pies

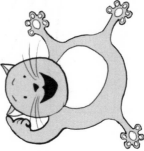

## MANDATOS NOVEDOSOS

Salta encima de la silla

Salta encima de la mesa

Pon tu cabeza (nariz) en la mesa; la silla

Pon tu pecho (oreja) en la mesa; silla

Siéntate sobre la mesa… Párate sobre la mesa

Pon tu pie en la pared

Pon tus pies en la pared (NOTA: deje que traten de hacer esto aunque no puedan.)

Pon la silla sobre la mesa y pon tus dedos sobre la silla

## MANDATOS DE REPASO

Toca la mesa y la silla

Camina hacia la silla y la mesa

Señala la mesa y la pared

Señala la cabeza (otras partes del cuerpo)

Salta hacia la mesa

Señala hacia abajo; arriba

Toca la pared

Toca la pierna (otras partes del cuerpo)


## MANDATOS

Toca mi pupitre… Toca tu pupitre

Camina hacia la ventana y toca la ventana

Salta hacia la mesa

Salta alrededor de la mesa y señala la mesa

Siéntate en (sobre) la mesa

Salta hacia la puerta; el pupitre; la ventana

Camina alrededor del pupitre; silla

Señala hacia la ventana y salta hacia la puerta

Camina hacia mi pupitre y toca mis dedos

Salta hacia la puerta (ventana) y señala hacia arriba; abajo; la pared


## MANDATOS NOVEDOSOS

Siéntate en mi silla… Ponte de pie

Salta hacia la puerta y salta hacia la ventana

Pon tu silla sobre mi pupitre

Salta alrededor de tu (mi) silla; pupitre; mesa; puerta

Pon tu pecho (tus hombros) en mi silla

Pon tu pierna en la pared

Pon tus manos sobre mi cabeza

Pon tu cabeza en tus hombros

## MANDATOS DE REPASO

Toca la mesa

Camina hacia la silla; la pared; la ventana

Señala mi (tu) pupitre; puerta

Salta alrededor de mi (tu) silla; mesa; pupitre

Señala tu cabeza (otras partes del cuerpo)

Salta hacia la mesa y hacia la ventana

Salta alrededor de tu (mi) pupitre

## MANDATOS

Señala hacia el lápiz; la tiza

Toca el lápiz y la tiza

Coge (cojan) la pelota y el libro

Coge la silla

Señala el libro y la tiza

Señala la pelota y sonría

Pon el (tu) lápiz en la mesa… Coge el libro

## MANDATOS NOVEDOSOS

Pon tu lápiz (pelota; libro) sobre tu cabeza

Pon tu nariz sobre el lápiz

Pon tus hombros sobre el libro

Coge el libro… Pon el libro en tu nariz y salta arriba de la ventana

Pon la silla sobre tu cabeza… Salta alrededor de la mesa

Pon la silla sobre la mesa… Pon la tiza en los dedos de tu pie derecho

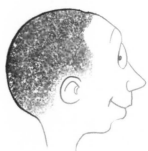

# UNIDAD II VOCABULARIO ESENCIAL — LECCIONES 8-17

En esta unidad, usted combinará estas acciones nuevas con este vocabulario.

| Acciones | Sustantivos | Otros |
|---|---|---|
| baila (bailen) | cuello(s) | mi(s) |
| pon (pongan) mala cara | cadera(s) | sobre |
| frota (froten) | rodilla(s) | encima de |
| pon (pongan) | barriga(s) | un(a) |
| póntelos (pónganselos) | vientre(s) | ahora |
| póntelas (pónganselas) | codo(s) | mí |
| escribe (escriban) | quijada(s) | la parte de arriba |
| borra (borren) | barba(s) | la parte de abajo |
| dibuja (dibujen) | barbilla(s) | con |
| dobla (doblen) | frente(s) | rojo(a)(s) |
| tira (tiren) | dedo(s) del pie | amarillo(a)(s) |
| coge (cojan) | ceja(s) | azul(es) |
| agarra (agarren) | mejilla(s) | verde(s) |
| mira (miren) | muñeca(s) | morado(a)(s) |
| enseña (enseñen) | tobillo(s) | blanco(a)(s) |
| pega (peguen) | cabello(s) | (de) color café |
| golpea (golpeen) | pelo(s) | rosado(a)(s) |
| corre(corran) | uña(s) | negro(a)(s) |
| pinta (pinten) | campana(s) | gris(es) |
| recoge (recojan) | pluma(s) | grande(s) |
| levanta (levanten) | tijera(s) | pequeño(a)(s) |
| | borrador(es) | chico(a)(s) |
| | goma(s) de borrar | |
| | nombre(s) | |
| | pizarrón (pizarrones) | |
| | pizarra(s) | |
| | papel(es) | |
| | cuaderno(s) | |
| | piso(s) | |
| | suelo(s) | |

## MANDATOS DE REPASO

(Empiece con las acciones de la Lección 7 que no se saben.)

Toca el lápiz; la silla; el pupitre; la ventana

Coge la pelota y el libro

Pon la pelota en el piso (suelo)

Señala la pelota y la tiza

Pon el libro en la mesa y sonríe

Toca el libro y la pelota

## MANDATOS

Sonríe… Tócate el cuello

Tócate las caderas… Pon mala cara

Tócate el cuello, da una vuelta y baile

Toca mi rodilla y pon mala cara

Ahora tócate la cadera, siéntate, ponte de pie, sonríe y baila

Toca mi pie y pon mala cara

Tócate la rodilla, sonríe y ahora baila

Ahora toca mi cuello, salta y baila

Toca mi pie, camina, párate, baila y párate

Pon mala cara y sonríe

## MANDATOS NOVEDOSOS

Camina sobre tus dedos… Ahora párate

Camina de rodillas… sonríe

Ahora siéntate sobre tus manos y pon mala cara

MANDATOS DE REPASO

Pon mala cara… Baila… Párate

Tócate el cuello y las caderas

Tócate la cadera derecha y baile

Ahora tócate la rodilla, párate y baila

Tócate el pecho y pon mala cara

Ahora baila y canta… Párate


MANDATOS

Tócate el vientre… Toca mi barriga

Tócate la barba y camina hacia la puerta

Tócate la frente y sonríe

Frótate la frente y pon mala cara

Tócate los dedos del pie… Toca los dedos de mi pie

Frótate los hombros; el cuello

Ahora frótate la barba; la frente; los dedos del pie

Frótate el vientre; las manos

Toca mi uña y pon mala cara

Toca tu codo derecho y toca mi codo izquierdo


MANDATOS NOVEDOSOS

 Frótate tus hombros y pon mala cara

Ahora frótate los hombros… Camina… Da una vuelta

Siéntate y ponte de pie… sonríe y pon mala cara

Siéntate sobre tus dedos

Frótate la frente con tu codo y pon mala cara

## MANDATOS DE REPASO

Frótate la barba y la barriga

Tócate la frente y los dedos del pie

Baila… Párate… Pon mala cara… Sonríe

Toca tu uña… Toca mi uña

Frota tu codo

Frota o frótate (las partes del cuerpo)

## MANDATOS

Toca tu ceja

Toca tu mejilla… Sonríe y pon mala cara

Frota tus mejillas

Pon tu mano en mi mejilla… Ponte de pie y baila

Pon mi mano en tu muñeca

Toca tu tobillo

Pon mi mano en mi tobillo

Pon tu mano izquierda en tu cabello  y pon mi mano derecha en tu cabello

Frótate el vientre; las cejas; los brazos; la muñeca derecha

Ahora frota tu mejilla (rodilla) y baila

Frota mi brazo y mi muñeca

Señala tu tobillo y toca tu tobillo

## MANDATOS NOVEDOSOS

Pon tu rodilla en tu mano; tu cabello

Pon tu uña en mi muñeca

Pon tu codo en tu uña y sonríe

Pon tus codos en tus cejas y pon mala cara

Pon tu frente en tus codos

Pon tu muñeca en tus rodillas

Pon tu barba en tus hombros

Pon mi mano en los dedos de tu pie

Pon tus codos en tu vientre

MANDATOS DE REPASO

Tócate las cejas

Frótate las mejillas

Señala tu muñeca

Pon tu mano derecha en tu tobillo

Pon mi mano izquierda en tu cabello

Pon tu mano en tu cabello

Frótate las cejas (las mejillas; las muñecas) y pon mala cara

MANDATOS

Camina hacia el pizarrón… Señala el pizarrón

Coge el lápiz; la pluma; el borrador; la tiza

Pon el lápiz (la pluma; el borrador) en la mesa

Señala el borrador (el lápiz) y toca el borrador

Escribe tu nombre

Borra tu nombre

Dibuja una pluma    Toca el pizarrón

Señala el borrador   Toca el borrador y el pizarrón

Dibuja un lápiz y un libro

Borra el lápiz y el libro

Dibuja un libro

Escribe tu nombre en el libro

Borra tu nombre del pizarrón

MANDATOS NOVEDOSOS

Pon tus pies sobre el borrador

Siéntate sobre el libro

Escribe tu nombre y siéntate encima de tu nombre

Pon la campana en tu mano y baila

Dibuja una pluma y pon tu cabeza sobre la pluma

Pon el lápiz en tu mejilla

Tócate las cejas y el borrador y pon mala cara

Escribe tu nombre en tu tobillo

## MANDATOS DE REPASO

Coge la pluma… Pon la pluma en la mesa

Escribe tu nombre en el pizarrón

Borra tu nombre del pizarrón

Señala el borrador y la pluma

Toca el borrador y la pluma; el libro

Coge el borrador y el libro

## MANDATOS

Dobla el papel… Recoge el papel

Tírame(le) el papel (el borrador, la tiza)

Salta alrededor de mi pupitre

Recoge el cuaderno del suelo

Ve saltando hacia la pared… Camina hacia el pizarrón

Pon el cuaderno (el papel, el borrador) en el piso

Camina alrededor de la tiza; el papel; el borrador; la pluma; el libro

Ve saltando hacia la pared; el pizarrón

Escribe tu nombre en tu papel… Borra tu nombre de tu papel

Recoge la campana y ponla encima de tu cuaderno

Pon tu cuaderno y la campana en el piso

## MANDATOS NOVEDOSOS

Escribe tu nombre en el borrador; la campana; la pluma

Salta alrededor del cuaderno… Pon el cuaderno encima de tu cabeza

Recoge el papel… Pon el papel encima de tu nariz

Pon tu nariz en el suelo

Pon el cuaderno en la pared… Recoge el cuaderno del suelo

Salta alrededor de la campana

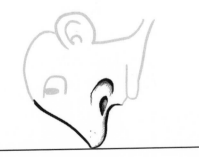

## MANDATOS DE REPASO

Dobla el papel

Recoge el lápiz; la pluma; la campana; el borrador; el cuaderno

Ve saltando hacia el pizarrón; la pared; el pupitre; la silla

Pon el cuaderno y el papel en el suelo

Camina alrededor de la mesa; el papel; el cuaderno

## MANDATOS

Camina hacia el pizarrón

Señala la parte de arriba (superior) del pizarrón

Escribe tu nombre en la parte de arriba del pizarrón

Toca la parte de arriba del pizarrón

Toca las tijeras

Corta la parte de abajo (arriba) del papel con tus tijeras

Enséñame (enséñale) la parte de arriba (abajo) del cuaderno; del papel

Señala las tijeras; otros objetos de la clase

Mira la puerta; las tijeras; la ventana; la mesa; el papel

Golpea la puerta; la mesa; la pared

Golpea la parte de abajo de tu cuaderno

Golpea la parte de arriba del pizarrón

## MANDATOS NOVEDOSOS

Pon la campana encima del libro

Pon el libro encima de tu cabeza

Golpea la pared; el lápiz; la pluma; el libro; las tijeras

Pégale a _____ en el brazo

Golpea tu brazo izquierdo

Pégame (pégale) en la mano

Golpea las tijeras con tu cuaderno

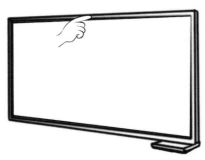

MANDATOS DE REPASO

Dobla el papel… Corta el papel

Corta la parte de abajo del papel con tus tijeras

Enséñame el cuaderno; otros objetos de la clase

Golpea la mesa; la pared; la puerta

Señala la puerta; otros objetos de la clase

Mira la ventana; otros objetos de la clase

Tírame la tiza (la pelota)

Tírale el borrador a _____

Tírame otros objetos (que no hagan daño)

Tírale otros objetos (que no hagan daño) a _____

MANDATOS

Dibuja un libro azul...  Toca el libro azul

Dibuja una puerta... Colorea (pinte) la puerta de rojo

Dibuja las tijeras… Coloréalas de verde

Señala el papel amarillo (azul, rojo, verde)

Dibuja una campana… Coloréala de rojo; amarillo

Dibuja una mesa… Colorea la mesa de verde

Frota la campana roja y el papel azul

Corta el papel verde y dobla el papel verde

MANDATOS NOVEDOSOS

Dibuja una ventana azul… Dibuja una pelota roja en la ventana azul…

Corta la ventana azul

Pon la ventana azul en tus hombros

Escribe tu nombre… Dibuja una puerta alrededor de tu nombre…

Pinta la puerta de amarillo; de azul; de verde; de rojo

Golpea tu nombre con un libro verde ..

Siéntate encima del libro verde

## MANDATOS DE REPASO

Dibuja una pelota y colorea la pelota de rojo

Dibuja un cuello; ojos; otras partes del cuerpo

Colorea los ojos de azul y verde

Dibuja codos… Colorea los codos de amarillo

Señala los codos amarillos

Dibuja una mesa (silla, lápiz, libro, etc.) roja, verde, amarilla

Golpea el lápiz amarillo y la silla verde

## MANDATOS

Dobla el papel blanco… Recoge el papel blanco

Recoge el papel (el libro, el lápiz) anaranjado; amarillo

Dibuja una puerta… Colorea la puerta de rojo

Señala el libro de color café y señala el libro azul

Ahora dibuja un cuaderno morado y unas tijeras rojas

## MANDATOS NOVEDOSOS

Coge el papel blanco… Dobla el papel blanco… Pon el papel blanco en la
     mesa… Dibuja una silla roja en el papel blanco

Dibuja una mesa morada debajo de la silla roja… Siéntate y sonríe

Señala el papel blanco… Dibuja un lápiz de color café

Pon el papel blanco en tu quijada

Camina alrededor de la mesa con el papel en tu quijada

MANDATOS DE REPASO

Dibuja una cabeza...  Colorea la cabeza de blanco

Dibuja el cabello...  Colorea el cabello de negro

Dobla el papel morado

Recoge el libro anaranjado; azul; verde

Señala el lápiz de color café; amarillo

Dibuja una pluma (libro, cuaderno) morada(o)

Dibuja un borrador de color café y señala el borrador de color café


MANDATOS

Tira la caja gris (rosada)

Recoge el libro grande (pequeño)

Pon el libro grande en la mesa… Ahora pon el libro pequeño en la mesa

Señala la pelota pequeña… Enséñame la pelota

Enséñame la pluma negra

Colorea la campana (lápiz) de gris

Dobla el papel gris… Ponlo en la caja rosada (negra, amarilla, etc.)

Frota el papel anaranjado (rosado, negro) y ponlo en la mesa

Frota la caja verde y el lápiz amarillo

Señala el borrador negro y póntelo en la cabeza


MANDATOS  DE NOVEDAD

Dibuja una caja grande y una caja pequeña… Pon la caja en la silla color café y siéntate
encima de la caja y la silla

Dibuja un lápiz grande rosado

Pon tu nariz encima del lápiz rosado… Tírale el lápiz a _____

Dibuja unas tijeras pequeñas grises y tírale las tijeras a _____.

Ahora frota tu vientre

## Acciones

enciende (enciendan)

  pon (pongan)

  prende (prendan)

apaga (apaguen)

  cierra (cierren)

corre (corran)

empuja (empujen)

jala (jalen)

  hala (halen)

  tira de (tiren de)

abre (abran)

cierra (cierren)

haz (hagan)

sacude (sacudan)

da (den) la mano

ríe(te) (rían(se))

coge (cojan)

da (den) (le)

toca (toquen)

  en la

  puerta

  da (den) golpes

cuenta (cuenten)

suma (sumen)

  añade (añadan)

resta (resten)

quita (quiten)

## Sustantivos

carro(s)

bicicleta(s)

tocadiscos(s)

grabadora(s)

luz (luces)

caja(s)

bandera(s)

mapa(s)

globos(s) del

  mundo

techo(s)

cuarto(s)

salón (salones)

kindergarten

bloques de madera

muñecas(s)

casa(s) de

  muñecas

jueguito de te

carretón (carretones)

camión

  (camión de volteo)

carretón(es)

cubo(s)

  cubeta(s)

  balde(s)

arena

subibaja(s)

cuadrado(s)

triángulo(s)

rectángulo(s)

círculo(s)

vara(s)

  palo(s)

línea(s)

entrepaño(s)

  tabla(s)/

  repisa(s)

lavamanos

fregadero

estante(s)

## Otros

para atrás

  hacia atrás

hacia adelante

hasta

su (de él)

su (de ella)

en

  dentro de

lo(s)  (complemento directo)

la(s) (complemento directo)

la(s)

debajo de

uno(a)

  un+

  substantivo

dos

tres

cuatro

cinco

seis

siete

ocho

nueve

diez

largo(a)(s)

grande

cortos(a)(s)

Invente nuevas combinaciones. Use el vocabulario introducido. Nuevas combinaciones y combinaciones novedosas contribuyen a la determinación de lo que los estudiantes entienden e introducen una nota graciosa.

## MANDATOS DE REPASO

(Empiece con las acciones de la Lección 17 que no se saben todavía.)

Tira el libro grande a _____

Coge el libro

Toca el libro grande con el libro pequeño

## MANDATOS

Señala el tocadiscos; la grabadora

Salta hacia (alrededor de) la grabadora

Camina hacia las luces y tócalas

Camina hacia adelante

Camina hacia adelante y hacia atrás

Apaga (Pon) la grabadora

Apaga (Pon) el tocadiscos

Apaga (Enciende) las luces

## MANDATOS DE NOVEDAD

Tira el papel (otras cosas) rojo (otros colores) en el suelo

Tira(le) el libro (la pelota) a María

Coge el libro (la pelota), María

Tírame el lápiz, María;

Coge el lápiz, María;_____ ; _____

Salta para atrás

Brinca para atrás hacia el pupitre

Brinca alrededor del pupitre

Señala hacia adelante…Salta hacia adelante y señala hacia atrás

Señala el pizarrón…Camina para atrás hacia la tiza

## MANDATOS DE REPASO

Camina hacia atrás; hacia adelante

Salta hacia adelante; hacia atrás

Apaga (Pon) la grabadora

Apaga (Pon) el tocadiscos

Salta hacia adelante

Apaga (Enciende) las luces

## MANDATOS

Empuja la silla hacia adelante; hacia atrás

Empuja tu libro hacia adelante; hacia atrás

Toca tu silla; libro; otros objetos

Corre hacia la pared; el pizarrón; etc.

Señala la bandera y corre hacia la bandera

Toca la caja grande (pequeña) roja

Empuja la caja grande… Hala la caja pequeña

Empuja la caja grande… Hala a la caja pequeña

Empuja a _____ Hala a _____

## MANDATOS NOVEDOSOS

Corre para atrás hacia la silla de ella

Empuja tu silla hacia atrás… Hala tu silla hacia adelante

Corre para atrás hacia la bandera; la silla

Empuja la caja para atrás

Hala la caja hacia adelante

Corre con tu caja hacia la bandera y para

MANDATOS DE REPASO

Corre hacia el pupitre; la silla; la mesa; etc.

Empuja la silla hacia adelante

Toca la bandera

Toca su (de él, de ella) libro; pluma; etc.

Empuja su (de él, de ella) silla hacia adelante

Hala su (de él, de ella) caja


MANDATOS

Señala hacia el techo… Mira el techo

Coge (Agarra) el globo del mundo

Pon el globo del mundo en la mesa

Cierra (Abre) la ventana

Abre (Cierra) la puerta; el libro; etc.

Toca el mapa

Empuja el mapa hacia el globo del mundo

Abre (Cierra) la caja; la pequeña caja azul; etc.

Salta alrededor del cuarto (salón)

Camina alrededor del cuarto (salón)

MANDATOS NOVEDOSOS

Abre tu boca; tus ojos; tus manos

Cierra tu boca; tus ojos; tus manos

Coge el globo del mundo

Camina hacia atrás con el globo del mundo

Golpea la bola del mundo con el papel

Golpea el mapa con tu codo

Señala el mapa con tu codo

Empuja la bola del mundo hacia la ventana

Toca el techo


(Aunque no puedan alcanzar el techo, este mandato sirve para comprobar que están entendiendo. Los estudiantes se divierten cuando tratan de hacerlo)

## MANDATOS DE REPASO

Señale el techo

Abre (Cierra) la puerta; la ventana; etc.

Camina alrededor del cuarto (salón, aula)

Señala (objetos de la clase)

Empuja (objetos de la clase)

Corre hacia (objetos de la clase)

## MANDATOS

Camina (Salta) hacia los bloques de madera

Señala los bloques y tócalos

Señala la muñeca; la muñeca grande (pequeña); etc.

Coge la muñeca grande… Ponla en la mesa

Empuja la muñeca hacia el coche de muñecas

Empuja el coche de muñecas hacia adelante

Hala el coche de muñecas hacia los bloques

Pon la muñeca en el coche de muñecas

Señala la casa de muñecas… Tócala

Pon la muñeca grande (pequeña) en la casa de muñecas

Señala el juego de té… Tócalo

Coge el jueguito de té

## MANDATOS  DE NOVEDAD

Pon la muñeca grande (pequeña) en el coche de muñecas

Pon el juego de té en el coche de muñecas

Corre hacia la casa de muñecas con la muñeca

Pon la muñeca encima del coche de muñecas

Corre hacia el juego de té y las muñecas

Frota la cabeza de la muñeca

Frota la cabeza de la muñeca con tu cabeza; con la cabeza de _____

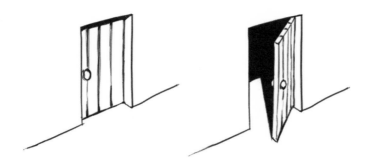

MANDATOS  DE REPASO

Pon el juego de té en la casa de muñecas

Empuja el coche de muñecas hacia _____

Pon la muñeca en el coche

Empuja las muñecas dentro del coche de muñecas

Señala los bloques

Corre hacia los bloques

Coge un bloque grande (pequeño)

MANDATOS

Corre hacia la bicicleta

Camina hacia la bicicleta

Camina (Salta) hacia el carro y tócalo

Señala el carro y pon mala cara; sonríe

Señala el caballito de madera

Siéntate en el caballito de madera

Dale la mano a  _____

Sacude la muñeca

Sacude tu cabeza; tus brazos; tus dedos; etc.

Sacude el caballito de madera; el carro

Señala el camión de volteo… Toca el camión

Coge el camión

MANDATOS NOVEDOSOS

Salta con la muñeca encima de la bicicleta; carro; camión

Salta hacia el camión (carro; caballito de madera)

Pon el carro encima del caballito de madera

Sacude el carretón y corre hacia la casa de muñecas

Esta lección puede hacerse en el salón de clase o en el patio de recreo.

## MANDATOS DE REPASO

Sacude tu cabeza

Empuja el carro hacia el camión

Empuja la bicicleta alrededor del carro

Siéntate encima del caballito de madera

Dale la mano a _____

Dame la mano

Hala mi mano… Empuja mi mano

## MANDATOS

Señala el cubo… Toca el cubo… Coge el cubo

Corre con el cubo hacia el carretón

Señala la arena… Camina hacia la arena

Mira el subibaja…Señala el subibaja

Siéntate en el subibaja y señala hacia arriba y hacia abajo

Salta hacia la arena y salta hacia el subibaja

Coge el carretón y hálalo hacia _____; la mesa

## MANDATOS NOVEDOSOS

Párate en (adentro de) el carretón

Salta para atrás hacia el carretón

Sacude el carretón y hálalo hacia la ventana

Empuja el carretón hacia el subibaja

Coge el cubo y ponlo en tu cabeza (ponlo en la cabeza)

Corre y pon el cubo en la arena

MANDATOS  DE REPASO

Sacude tu cabeza; tus manos

Coge el carro grande (pequeño); el carretón

Coge el lápiz anaranjado (amarillo, otros colores) y ponlo encima de tu papel;  tu pupitre

Empuja el carro

Hala el carro

MANDATOS

Haz (Dibuja) un cuadrado  Tócalo… Señálalo

Haz (Dibuja) una línea… Colorea la línea de rojo (otros colores)

Señala el rectángulo y tócalo

Haz (Dibuja) un triángulo y una línea

Corta el triángulo… Colorea el triángulo de azul

Haz (Dibuja) un triángulo grande (pequeño)… Enséñame el triángulo pequeño

Haz (Dibuja) un círculo (rectángulo, triángulo)

Haz (Dibuja) un círculo morado y córtalo

Haz (Dibuja) un carro… Dibuja un círculo alrededor del carro

MANDATOS NOVEDOSOS

Haz un triángulo… Salta hacia la pared con tu triángulo

Corta un rectángulo… Siéntate encima del rectángulo y ríete

Pon el rectángulo grande sobre tus rodillas; tu nariz

Pon el círculo rojo encima de la caja anaranjada… Salta hacia el papel verde… Pon tres círculos rojos sobre el triángulo verde

## MANDATOS DE REPASO

Haz (Dibuja) un rectángulo color café

Dibuja una línea negra

Haz un círculo grande y verde

## MANDATOS

Dibuja un triángulo en el pizarrón

Coge un (dos, tres) lápiz (lápices)

Coge cuatro varas (palos)… Ríete y pon mala cara

Pon tres palos en la mesa

Coge dos palos y pon uno en la mesa

Enséñame tres pelotas… Ríete

Dibuja cuatro rectángulos; cuadrados; círculos; líneas

Enséñale tus tres cuadrados a José; a _____

## MANDATOS DE NOVEDAD

Pon dos lápices encima de un borrador y ríete

Coge un triángulo… Pon el triángulo en (sobre) la cabeza de Jane

Dibuja tres pelotas (bolas) en la frente de John

Ríete cuatro veces

(Usted debe inventar otros mandatos graciiosos para practicar las acciones y el  vocabulario.)

**OBJETOS DE LA CLASE**
**FIGURAS GEOMÉTRICAS**
**LOS NÚMEROS**

MANDATOS DE REPASO

Dibuja cuatro mesas pequeñas

Ríete dos veces

Haz tres bolas en tu papel

Enséñame un cuadrado; un círculo; un triángulo; una línea

Dibuja cuatro palos

Dibuja una línea y coloréala de anaranjado (otros colores)

MANDATOS

Señala el entrepaño; el lavabo

Pon un lápiz amarillo en el entrepaño/repisa

Toca el entrepaño: el lavamanos; el armario

Pon dos varas debajo del lavamanos; del entrepaño; del estante

Corre hacia el lavamanos; el entrepaño; el estante

Camina hacia el entrepaño y pon tres círculos en el entrepaño

Pon dos triángulos debajo del estante

Pon cuatro rectángulos en el lavamanos

Dame tres bolas y cuatro círculos

Pon cuatro (tres, dos, un) cuadrados en (el) (encima, debajo del) armario

Dame cuatro círculos, dos triángulos y tres rectángulos

MANDATOS  DE NOVEDAD

Empuja las pelotas hacia Julio; _____; _____;

Siéntate debajo del entrepaño y ríete

Señala el lavamanos…

Ponte tres palos en el lavamanos y siéntate en el lavabo

(Añada más mandatos novedosos.)

64

## MANDATOS DE REPASO

Señala el lavamanos; el entrepaño; el armario

Dame una caja y cuatro varas

Salta hacia el cuadrado; la ventana; la puerta

Pon los palos debajo del entrepaño; el armario

Corre hacia el (la) _____ y el (la) _____ etc.

Dame (objetos de la clase que necesita repasar)

## MANDATOS

Toca los lápices de colores… Enséñamelos

Señala la alfombra; el gancho

Dame cuatro lápices de colores… Ponlos en (debajo de) la alfombra

Toca (golpea) la puerta; la pared; el suelo; la ventana

Toca cuatro paredes

Salta alrededor de la alfombra; otros objetos

Salta hacia el lavamanos; otros objetos

Dame un lápiz de color rojo y cuatro azules (amarillos, verdes, etc.)

## MANDATOS DE NOVEDAD

Toca la mesa… Salta alrededor de la mesa y date golpes en la cabeza

Pon el lápiz de color verde en tu boca

Da golpes en la mesa con tu nariz; lus dedos de tu pie

Corre hacia atrás en la alfombra

Toca el lavamanos y siéntate en el lavamanos

Párate en la mesa y señala tus ojos: los lápices de colores

(Añada otros mandatos favoritos.)

MANDATOS DE REPASO

Pon cuatro palos en la alfombra

Pon tres círculos debajo del armario

Dame dos círculos grandes

Haz un círculo grande

Pon el triángulo en (debajo de) el entrepaño

Golpea (Toque) la puerta; la ventana


MANDATOS

Dibuja cinco triángulos y seis líneas

Haz una línea larga… Haz una línea corta .

Corta cinco círculos

Haz siete varas… Colorea dos de rojo y cinco de verde

Dibuja siete cuadrados… Coge cinco

Aplaude con tus manos

Aplaude seis (cinco, cuatro, tres, dos, siete) veces

Dibuja un rectángulo largo y amarillo

Haz seis círculos pequeños

Enséñame un lápiz largo

Enséñame un lápiz corto


MANDATOS  DE NOVEDAD

Corta un triángulo… Pon el triángulo en tu ojo derecho

Coge seis cuadrados… Pon dos cuadrados sobre tu cabeza… Pon cuatro cuadrados
     debajo de tus pies y aplaude

Pon siete cuadrados morados en tu boca

**LOS COLORES**
**FIGURAS GEOMÉTRICAS**
**LOS NÚMEROS**

## MANDATOS  DE REPASO

Aplaude

Dibuja siete cuadrados grandes (pequeños)

Corta seis círculos

Colorea cinco cuadrados de verde

Aplaude cuatro (cinco; seis; siete) veces

Dibuja una línea larga (corta)

NOTA: Use tarjetas con diferentes números escritos en cada una y úselas si los estudiantes ya saben los conceptos numéricos.

## MANDATOS

Cuenta hasta el ocho; siete; seis; cuatro; dos; cinco; tres; uno

Enséñame el número 7; 6,;5; 4; 3; etc.

Aplaude nueve veces y dame el número nueve

Cuenta hasta el diez… Para… Aplaude ocho veces

Coja seis círculos… Añada tres más

Cuenta cuatro gomas de borrar… Añade dos más

Enséñame ocho dedos… Añade uno más

Suma 2+3; 3+4; 8+2; etc.

## MANDATOS NOVEDOSOS

Coge el número 5… Enséñame el 5… Pon el 5 en tu nariz… Tira el 5 en el suelo…

Coge el 5… Pon el 5 y el 10 en tu silla (Practique con otros números)

Tírale el 6 a Jaime; a _____… Miguel, tírale el número 8 a Jacobo… Jacobo,
    coge el número 8

Colorea dos dedos de rojo: de verde

Cuenta hasta diez… Para… Cuenta al revés hasta llegar a uno

## MANDATOS  DE REPASO

Enséñame nueve dedos… Añade uno más

Cuenta hasta ocho; nueve; diez

Aplaude diez veces

Enséñame tu borrador

Suma cuatro más dos

Suma tres más uno

## MANDATOS

Cuenta diez palos

Salta nueve veces… Enséñame el número 9

Enséñame el lápiz de color verde (blanco, rojo, amarillo)

Salta cinco veces… Cuenta hasta seis

Enséñame el número 1; 2; 3; 4; 5; 6; 7; 8; 9

Cuenta hasta ocho… Enséñame el número 8

Aplaude siete veces… Enséñame el número 7

Resta uno de seis

Resta dos de siete

## MANDATOS  DE NOVEDAD

Pon el 6 (5, 4, 3, etc.) en tu nariz

Frota tu borrador  en el 7; 8; 9;

Frota tu lápiz de color en tu frente tres veces; seis veces; cinco veces

Date nueve golpes en la cabeza y cuenta hasta nueve

# Estados de ánimo y emociones

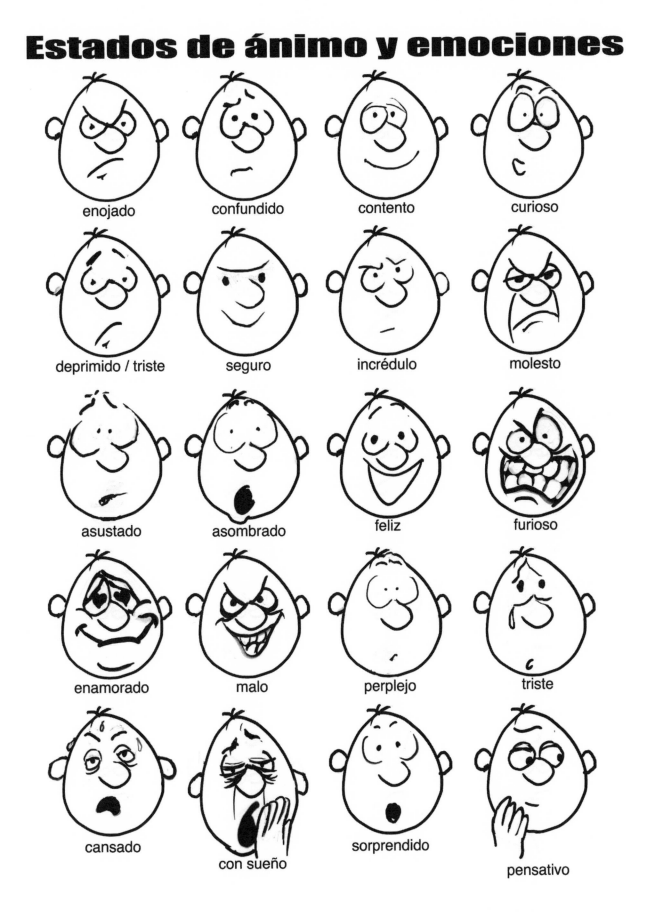

enojado

confundido

contento

curioso

deprimido / triste

seguro

incrédulo

molesto

asustado

asombrado

feliz

furioso

enamorado

malo

perplejo

triste

cansado

con sueño

sorprendido

pensativo

NOTA: Para trabajar con esta página
mire el número 8 en la página 12.

NOTE: To work with this page
see number 8 on page 21

# UNIDAD IV VOCABULARIO ESENCIAL — LECCIONES 32-42

En esta unidad, usted combinará estas acciones con este vocabulario.
Estudiantes de todas las edades prefieren usar ropa de verdad.

## Acciones
finge (finjan) ser
ponte (pónganse)
quítate (quítense)
dale (denle)
abotónate (abotónense)
abróchate (abróchense)
desabotónate (desabotónense)
desabróchate (desabróchense)
dobla (doblen)
amarra (amarren)
cierra la cremallera
abre la cremallera
cuelga (cuelguen)
abraza (abracen)
ve (vayan)
sube el cierre
baja el cierre

## Sustantivos
niño(a)(s)
muchacho(a)(s)
maestro(a)(s)
bibliotecario(a)(s)
enfermero(a)(s)
hombre(s)
mujer(es)
director(a)(es)(s)
secretario(a)(s)
conserje(s)
abrigo(s)
  sobretodo(s)
camisa(s)
blusa(s)
pantalones de mezclilla
overol
zapato(s)
vestido(s)
media(s)
calcetín(es)
bota (s)
suéter(es)
faja(s)
cinturón(es)
cinta(s)
traje(s)
pijama(s)
bebé(s)
delantal(es)
cartera(s)
impermeable(s)
capa(s) de agua
poncho(s) de agua

## Otros
alto(a)(s)
bajo(a)(s)
gordo(a)(s)
grueso(a)(s)
delgado(a)(s)
flaco(a)(s)
izquierdo(a)(s)
derecho(a)(s)
al lado de

## Sustantivos
hermano(a)(s)
*madre
mamá
padre
papá
abuelo(a)(s)
pulsera(s)
collar(es)
arete(s)
anillo(s)
reloj(es)
escritorio
traje de baño
paraguas
sombrilla(s)
bolsa(s)

Recuerde a sus estudiantes que, en muchos casos, el uso de la palabra *madre* es ofensivo y debe sustituirse por *mamá*.

**FIGURAS GEOMÉTRICAS**
**LOS NÚMEROS**
**PERSONAL DE LA ESCUELA**

NOTA: Use las personas que trabajan en la escuela como modelos o fotografías. También puede hacer que los estudiantes hagan el papel de las diferentes profesiones y oficios.

## MANDATOS DE REPASO

(Empiece con las acciones de las lecciones anteriores que no se saben todavía.)

Camina alrededor del círculo
Ve hacia el pupitre
Colorea el  triángulo grande de azul
Colorea el cuadrado pequeño de anaranjado
Corta un rectángulo
Aplaude diez veces
Suma cinco más tres
Resta seis de nueve

## MANDATOS

Señala al muchacho
Toca a la bibliotecaria y sonríe
Enséñame al maestro(a)
Toca a la muchacha; muchacho
Dibuja un muchacho en el pizarrón
Señala a la enfermera
Enséñame al bibliotecario
Dibuja un enfermero… Colorea a la enfermera de blanco
Dibuja un bibliotecario; maestro; enfermero; muchacho; muchacha
Camina hacia la silla (el escritorio) del maestro
Finge que eres un enfermero (Ponle un gorro de enfermero al estudiante)…
Toca mi cabeza
Finge ser el maestro… Enséñame el escritorio del maestro
Finja ser un bibliotecario(a)… Dame tres libros

## MANDATOS NOVEDOSOS

Salta alrededor del escritorio del maestro(a)
Dale dos triángulos y un cuadrado al bibliotecario(a)
Ve hacia (nombre de un estudiante), siéntate en su silla (pupitre) y pon mala cara
Baila alrededor del papel y los lápices de _____
Toca la cabeza de la enfermera con tu cabeza
Señala los pies del bibliotecario con tu codo derecho
Pon los libros de la bibliotecaria encima de los pies de tu maestro(a)

## MANDATOS DE REPASO

Dibuja una muchacha pequeña y un niño grande

Dibuja una maestra pequeña y una enfermera grande

Escribe su nombre en el pizarrón

Dibuja un bibliotecario y sus tres libros

Enséñame a la muchacha grande; al niño pequeño

Señala al muchacho pequeño

Dibuja un círculo alrededor de la muchacha

Dibuja un cuadrado debajo del muchacho

## MANDATOS

Enséñame al director y señala al director

Toca al conserje

Señala a la secretaria y dale a la secretaria un lápiz y un papel

Señala al hombre… Dibuja al hombre en su papel

Toca a la mujer y señala a la mujer

Toca a la mujer alta… Toca a la mujer baja

Camina hacia el pizarrón y dibuja una mujer… Ahora borra a la mujer

Dibuja una mujer alta (baja); un hombre alto (bajo)

Dibuja un círculo alrededor del hombre… Borra el círculo

Finge ser un conserje… Dame dos pelotas

Finge ser el director

Dale el papel al maestro (a la maestra) y dale el lápiz al muchacho

Finge ser el secretario(a)… Enséñame sus papeles y plumas

Toca al muchacho en la cabeza; a la muchacha en la cabeza

Finge ser el maestro(a)

Dale la tiza (el borrador) al muchacho

Abre el libro y cierra el libro… Dibuja una línea en el papel

Salta hacia el director y pon mala cara

Pon el borrador del pizarrón en la cabeza del secretario(a) y sonríe

## MANDATOS NOVEDOSOS

Pon el borrador del pizarrón en la cabeza del secretario (de la secretaria) y sonríe

(Invente sus propios mandatos novedosos y graciosos.)

## MANDATOS DE REPASO

Señala al hombre alto (bajo)

Toca a la secretaria baja

Enséñame al conserje; al maestro; al director; al bibliotecario

Aplaude y señala hacia la muchacha (muchacho; hombre, mujer)

## MANDATOS

Enséñame la chaqueta… Quítate la chaqueta

Toca el saco… Quítate el saco

Toca la chaqueta (el abrigo)

Dale el saco a (nombre de un estudiante)

Ponte la camisa (blusa) roja; azul, verde, etc.

Quítate la camisa: blusa

Coge los pantalones y ponlos en la mesa

Quítate la camisa y ponte la chaqueta

Ponle la camisa (la chaqueta; el saco; los pantalones) a _____

Dame la camisa

Dame la blusa

Ponle los pantalones al conserje (el conserje puede ser otro estudiante, una foto

   o un muñeco)

Ponle la chaqueta al director

Ponle el saco al secretario; al maestro

Ponle la blusa a la maestra

## MANDATOS NOVEDOSOS

Ponte el saco de _____ y ríete

Quítate tu chaqueta y ponla en la cabeza de _____

Coge los pantalones… Pon los pantalones en tus brazos… Pon tus brazos

   dentro de los pantalones

(Es divertido que un grupo de estudiantes "vistan" a otro estudiante encima de su propia ropa)

NOTA: Ponga varias prendas en una mesa.

## MANDATOS DE REPASO

Ponte el saco y quítatelo

Dame la chaqueta

Quítate el saco.      Ponle el saco a _____

Toca la falda.      Ponle la falda a _____

Agarra los pantalones y ponlos en la mesa

Dobla la blusa

## MANDATOS

Enséñame tus zapatos… Amarra (Amárrate) tus zapatos

Desata tus zapatos

Enséñame el vestido… Coge el vestido

Dibuja un vestido y coloréalo de azul; de rojo; de amarillo

Toca la falda

Abotónate (Abróchate) la falda; los pantalones; el vestido

Coge el vestido… Dale el vestido a _____

Dale a Juan los zapatos y los pantalones

Ahora ponle los pantalones a Esteban; otro estudiante

Enséñame la cinta… Ata la cinta… Desata la cinta

Ata tus zapatos. Ata los zapatos de Tomás

Abotónate la chaqueta… Desabotónate la chaqueta

## MANDATOS NOVEDOSOS

Enséñame los pantalones y ponle los pantalones a _____

Enséñame la cinta verde (roja, amarilla) y pon la cinta en la cabeza de (un muchacho)

Pon los zapatos en tus manos y ríete

Coge el vestido, ponlo en tu nariz y pon mala cara

## MANDATOS DE REPASO

Enséñame el vestido anaranjado (verde, azul, amarillo, etc.)

Coge el vestido y ponlo en la mesa

Colorea la falda de rojo; de verde; de amarillo

Abotona el vestido y desabotónalo

Colorea los zapatos de negro; de color café, de blanco

Ata mi cinta… Ata mis zapatos

## MANDATOS

Dame las medias… Dale las medias a _____

Ponte el sombrero y abotónate la chaqueta

Señala el suéter… Coloréalo de rojo

Ponte el cinturón color café… Quítatelo

Empuja las medias debajo de la mesa; la silla

Enséñame las botas

Pon las botas debajo del sombrero; de las medias; de los pantalones; etc.

Dobla las medias; los pantalones de mecánico; el suéter; la blusa

Dobla el cinto de color café… ponlo encima del suéter rosado (rojo, azul, verde, etc.)

Cierra la cremallera de la chaqueta… Abre la cremallera de la chaqueta; del saco

Cierra la cremallera de las botas… Abre la cremallera de las botas

Cierra la cremallera de la falda; de los pantalones

## MANDATOS NOVEDOSOS

Pon las medias (diferentes colores) en la cabeza (la mano) de _____

Pon el cinto rojo alrededor de las rodillas de _____

Pon tus brazos (los brazos del director) dentro de las botas

Ata las medias alrededor de tus hombros

Pon los pantalones debajo del escritorio del maestro

Pon el suéter alrededor de los pies de la secretaria

NOTA: Prepare una caja llena de los objetos que necesita para enseñar esta lección.

## MANDATOS DE REPASO

Dobla el vestido (cinto, cinta) negro (a) (rojo (a), etc.)

Pon las botas debajo de la mesa; la silla

Toca el suéter y póntelo

Dobla las medias… Abrocha la blusa

Dale a _____ el vestido anaranjado

Cierra la cremallera de la chaqueta y abre la cremallera de la chaqueta

Ponte el suéter… Quítatelo y dóblalo

Dame el sombrero

## MANDATOS

Abre la caja… Cierra la caja

Señala los pantalones; la capa de agua; la pijamas

Toca la pijama y cuélgala en el gancho

Cuelga la capa de agua en el gancho

Dobla los pantalones; la pijama

Pon los pantalones en (debajo de, encima de) la caja

Pon la pijama debajo de los pantalones y la capa de agua

Abre (Cierra) la caja

Cierra y abre la cremallera de (abotona y desabotona) su capa de agua

Toca la sombrilla… Abre la sombrilla

Cierra el paraguas y cuélgalo en el gancho

## MANDATOS NOVEDOSOS

Cuelga la capa de agua en la silla… Ata los pantalones alrededor de la capa de
   agua… Señala la pijama que está en la mesa y pon mala cara

Pon las botas debajo de la sombrilla

**ROPA DE VESTIR
MIEMBROS DE LA FAMILIA**

MANDATOS DE REPASO

Cuelga la capa de agua en el gancho

Pon los pantalones en la caja

Cierra y abre la cremallera de los pantalones

Abotona y desabotona el traje

Cuelga el traje (el cinto, las medias) en el gancho

Ata mis zapatos

Abre y cierra la sombrilla

MANDATOS

Toca al bebé… Toca la cabeza (los brazos, los pies, etc.) del bebé

Pon al bebé en la caja

Recoge  al bebé… Abraza al bebé

Recoge al hermano… Abraza al hermano

Recoge a la hermana y al hermano y abraza a la hermana

Recoge a la hermana (al hermano) alta(o); baja(o)

Abraza al bebé gordo

Señala al bebé (al hermano, a la hermana) delgado(a)

Ponle el suéter (saco, chaqueta, zapatos) al hermano (a la hermana) alto(a)

MANDATOS NOVEDOSOS

Pon al bebé debajo de los pantalones; los zapatos; las medias

Pon al hermano dentro de las botas; del suéter; de la chaqueta

Pon los zapatos en la cabeza de la hermana y pon a la hermana en la silla…

Pon al bebé encima de la hermana

Pon al hermano debajo del bebé

Finge ser la hermana… Abraza al bebé gordo

## MANDATOS DE REPASO

Abraza al hermano bajo y a la hermana alta y delgada

Recoge al bebé y abrázalo

Pon al bebé gordo en la silla; en la mesa

Ponle el traje al hermano y el suéter a la hermana

## MANDATOS

Enséñame al padre

Toca a la mamá y señala a la mamá

Enséñame a la abuela y recógela

Enséñame a la mamá y ponle el vestido a la mamá

Finge ser la madre… Abraza a tu bebé

Recoge al padre

Finge ser el padre… Ponte tus zapatos y tu saco (abrigo; chaqueta, etc.)

Pon al padre al lado de la madre

Pon al abuelo al lado del padre

Pon al abuelo gordo (alto, bajo) al lado de la abuela delgada (alta, baja, gorda)

## MANDATOS NOVEDOSOS

Recoge al bebé… Pon al bebé encima de la cabeza de la mamá… Pon a la
    mamá en tus brazos y salta hacia atrás

Finge ser el padre… Salta, padre, salta… Pon las botas al lado del hermano

Finge ser la madre y salta para atrás hacia el padre

## MANDATOS DE REPASO

Enséñame a la madre y al padre

Señala a la hermana y al hermano

Abraza al bebé y a la abuela; al abuelo

Pon a la mamá al lado del papá

Pon a la hermana al lado de la abuela

Pon al bebé en los brazos de la madre

## MANDATOS

Toca el reloj de pulsera

Ponle el reloj de pulsera al padre; al abuelo; a la hermana

Señala el anillo

Pon el anillo en (debajo de) la mesa

Enséñame el arete… Ponte el arete en tu oreja derecha (izquierda)

Enséñame tu brazo (pierna, pie, mano) derecho(a), izquierdo(a)

Toca el collar

Pon el collar en tu cuello

Coge la pulsera y el collar… Pon la pulsera en tu brazo derecho

Ponle la pulsera y el collar a la madre

Finge ser la abuela… Ponte los aretes y tu reloj de pulsera

(Ponles diferentes prendas a varios miembros de la familia.)

## MANDATOS NOVEDOSOS

Pon tu reloj de pulsera en tu oreja

Pon la capa de agua dentro de los pantalones

Ata el cinto alrededor de tu cabeza

Cuelga el collar en tus brazos

Pon tus pies dentro de la caja

MANDATOS DE REPASO

Pon el reloj de pulsera en (dentro de, debajo de) la caja

Enséñame el anillo

Pon el arete en tu oreja derecha… Señala el collar

Dame el collar… Dale a _____ el collar

Ponle la pulsera a la hermana; la madre

Ponte la pulsera en el brazo izquierdo


MANDATOS

Cuelga el traje en el gancho; la silla

Enséñame el traje de baño

Ponle el traje de baño a la hermana;  al  hermano

Dobla el traje de baño

Enséñame el delantal… Dobla el delantal

Señala el overol… Coge el overol

Ponle los pantalones de mezclilla al hermano; al padre; al abuelo; al conserje

Coge la cartera… Ponla al lado del padre

Pon la billetera dentro del overol; de la bolsa

Cuelga la bolsa de tu brazo derecho (izquierdo)

Dame la bolsa


MANDATOS NOVEDOSOS

Coge el overol… Ponte el overol

Pon el traje de baño encima del overol

Cuelga el delantal en el traje de baño

Salta alrededor de tu bolsa… Siéntate encima de la bolsa

Dobla tu traje de baño y póntela en la cabeza… Siéntate al lado del director

## UNIDAD V VOCABULARIO ESENCIAL — LECCIONES 43-50

Combine estas nuevas acciones con este vocabulario nuevo.

NOTA: La maestra puede enseñar estas lecciones fuera del salón de clase o puede utilizar fotografías o carteles que representen todos los departamentos de la escuela. Equipos de jugar y de oficina varían de una escuela a otra. Use los términos que representan objetos y empleados de su escuela.

| Acciones | Sustantivos | Otros |
|---|---|---|
| ve (vayan) | aula(s) | en |
| entra (entren) | salón de clase | derecho(a) |
| haz (hagan) cola | | |
| ponte (pónganse) a la cola | | |
| ponte (pónganse) en fila | escuela(s) | izquierdo(a) |
| toma (tomen) | baño(s) | ambos |
| agarra (agarren) | biblioteca(s) | los dos |
| sujeta (sujeten) | enfermería(s) | |
| levanta (levanten) | oficina(s) | |
| infla (inflen) | asta(s) de la (s) bandera(s) | |
| vuela (vuelen) | cafetería(s) | pasillo(s) |
| trae (traigan) | tablado(s) | patio(s) de recreo |
| mira (miren) | tarima(s) | cancha(s) |
| baja (bajen) | escenario(s) | árbol(es) |
| | globo(s) | resbaladera(s) |
| | pelota(s) | resbaladilla(s) |
| | campo(s) de jugar | banco(s) |
| | hierba | columpio(s) |
| | césped | silbato(s) |
| | agua | pito(s) |
| | guante(s) | barra(s) |
| | bebedero(s) | |
| | fuente(s) (de tomar agua) | |
| | cuerda(s) para brincar (saltar) | |
| | soga(s) para brincar (saltar) | |

NOTA: En regiones frías se podrían añadir palabras como: *nieve, hielo, trineo, patines de hielo*, etc. Aclare los usos de *coger, sujetar, aguantar* y *levantar* así como de *tirar, echar, lanzar*, etc. Explique las diferencias entre *tocar con las manos, tocar un instrumento* y *pitar*.

## MANDATOS DE REPASO

(Repase las acciones de la Lección 42 que no se saben todavía.)

Enséñame a la madre y al padre

Señala a la hermana y al hermano

Coge a la abuela

Señala al abuelo

Pon al padre al lado de la madre

Pon a la hermana al lado del hermano

Abre la puerta; la caja

## MANDATOS

Enséñame la escuela (la escuela misma o foto)

Camina alrededor de la escuela (use foto)

Ve a la biblioteca y siéntate en la biblioteca

Señala el aula y la biblioteca

Ve al baño… Señala el baño

Enséñale el aula a María; Juan; etc.

Enséñame la oficina

Abre la puerta de la oficina… Empuja la puerta de la oficina

Hala la puerta de la oficina y ciérrala

Pon (el objeto o la persona en el cuarto o parte de la escuela en que corresponda)

Ejemplos:     Pon al maestro(a) en el aula

Pon los libros en la biblioteca

Pon al director en la oficina

## MANDATOS NOVEDOSOS

Pon la pluma en la biblioteca (use foto)

Siéntate debajo del escritorio en el aula

Siéntate debajo de tu pupitre (del pupitre de Ken; de Tim)

Pon la pelota arriba de la escuela (use foto)

Jala a _____ hacia la biblioteca

Empuja a _____ hacia el baño

NOTA: Esta lección introduce la palabra *pasillo*. Si su escuela no tiene pasillos, omita esta palabra.

## MANDATOS DE REPASO
Ve a la biblioteca; la oficina
Señala la oficina; el aula; el baño
Ve al aula
Señala el baño y ve al baño
Señala la escuela (use foto)
Pon al muchacho (muchacha) en el aula
Pon al bibliotecario(a) en la biblioteca; la enfermería; el pasillo
Pon al padre en la oficina

## MANDATOS
Corre hacia el asta de la bandera
Abre la puerta de la oficina y señala al director
Mira en la oficina y señala a la secretaria
Enséñame la cafetería… Salta sobre el tablado
Ve a la cafetería
Camina hacia la enfermería
Ve a sentarte debajo del asta de la bandera
Párate al lado del asta de la bandera
Camina hacia la oficina… Abre la puerta… Entra en la oficina
Mira al fondo del pasillo
Señala el pasillo
Camina en el pasillo

## MANDATOS NOVEDOSOS
Pon las tijeras en la tarima… Siéntate en la tarima
Mira en la oficina… Pon al bebé en la oficina
Pon la silla en el patio de recreo… Párate sobra la silla
Siéntate sobre el tablado y sonríe… Pon mala cara
Pon un borrador en la parte de abajo del asta
Siéntate en el pasillo con el maestro(a)

MANDATOS DE REPASO

Ponte al lado del asta de la bandera

Camina alrededor del asta

Ve a la cafetería, y después entra en el pasillo

Señala el pasillo

Enséñame la cafetería

Ve al tablado y siéntate en (sobre) el tablado

Pon al director (maestro, bibliotecaria) en la cafetería; el aula; la biblioteca

MANDATOS

Ve saltando hacia el patio de recreo… Siéntate en el patio de recreo

Camina hacia la cancha y párate

Ponte en fila

Camina sobre la línea

Muchachas, pónganse en fila

Muchachos, pónganse en fila y señalen el patio de recreo; la cancha

Miren el árbol… Caminen alrededor del árbol

Toca el árbol y señálalo

MANDATOS NOVEDOSOS

Abraza al bibliotecario

Ponte en fila y ve al campo de juego

Ve saltando hacia el campo… Corre hacia la maestra

Ve saltando hacia el árbol y camina para atrás alrededor del árbol

Empuja (Hala) el árbol hacia la oficina (*Si están en el patio, deje que traten de hacerlo.*)

MANDATOS DE REPASO

Mira el campo; el patio de recreo

Ve a la cafetería

Camina alrededor del asta de la bandera

Camina para atrás hacia la biblioteca

Ponte en fila y camina al fondo del pasillo

Camina alrededor del patio de recreo

Ve hacia el árbol y toca el árbol

MANDATOS

Baja por la resbaladera

Párate en el banco y entonces siéntate en él

Ve a los columpios y señala el árbol

Siéntate en la hierba y señala el columpio; la resbaladera; las barras

Corre hacia las barras y señálalas

Toca el banco dos veces y camina hacia el césped; los árboles

Salta alrededor del árbol

MANDATOS NOVEDOSOS

Siéntate en la resbaladera y aplaude cuatro veces

Pon tu nariz en el columpio

Ve al banco… Párate sobre el banco y pon tus manos sobre tu cabeza

Pon tu cabeza en el banco y pon mala cara

Pon tus codos en la hierba y ríete

MANDATOS DE REPASO

Empuja el columpio… Jala el columpio

Siéntate en la resbaladera… Entonces baja por la resbaladera

Salta hacia el césped y ve al banco

Toca las barras y salta alrededor de las barras

Empuja el banco hacia las resbaladeras

MANDATOS

Siéntate debajo de las barras

Salta (Ve, Camina) hacia la oficina

Ponte en fila y camina sobre la línea

Salta alrededor de la bicicleta

Coge la bicicleta… Cógela (levántala) y ponla en el suelo

Camina alrededor de la bicicleta

Pon la bicicleta al lado del asta y ve a sentarte en la hierba

Ve al bebedero… Después ve al césped

Corre hacia la fuente y toma agua

MANDATOS NOVEDOSOS

Empuja a María (Jaime, etc.) en el columpio y pon mala cara; ríete; canta

Siéntate debajo del banco

Salta para atrás hacia la resbaladera y siéntate debajo de la resbaladera

Camina para atrás sobre la línea

Salta alrededor de Luisa y pégale en la cabeza

Salta alrededor de Mimi y pégale en el brazo

Salta hacia el bebedero y toca el agua… Entonces, salta y sacude tus manos

MANDATOS DE REPASO

Párate al lado de la bicicleta

Siéntate en la bicicleta

Señala hacia el asta de la bandera

Camina hacia la fuente

Toma el agua

Señala tu ojo (hombro, brazo, pie, etc.) derecho (izquierdo)

Enséñame el agua


MANDATOS

Enséñame el bate y la pelota… Dame el bate

Coge la pelota y levanta (alza) la pelota

Sujeta la pelota (el bate, el guante)

Pon el bate al lado del guante

Pon el guante debajo de la pelota

Pon el guante en (sobre) el banco

Tírame la pelota… Tírale la pelota a _____

Agarra (coge) la pelota, _____

Tira el guante al lado de la pelota

Lanza la pelota… Levanta el bate; el guante

Sostén la pelota en el (debajo del) guante

Pon la pelota al lado del bate

Lanza la pelota y cógela

Toca el pito (silbato) con tu mano… Enséñame el pito

Toca el pito y álzalo


MANDATOS NOVEDOSOS

Pon el guante y el bate sobre tu cabeza y siéntate encima de la pelota

Pon el bate en tu nariz y salta para atrás

Frota tus pies con la pelota y llora

Toca el silbato… Corre al patio de recreo y pon el guante en el columpio; la resbaladera

Levanta el pito… Pon el pito en tu boca y pita diez veces

Levanta tu pierna izquierda y sacúdela

Pon tu pie izquierdo en el agua y ríete

MANDATOS DE REPASO

Salta con tu pie derecho (izquierdo)

Levanta tu mano derecha (izquierda)

Coge tu guante… ponlo en el suelo

Tira la pelota

Pon el pito (silbato) en el (dentro del, debajo del) banco; el escritorio; la silla

Levanta el bate… Sujeta el bate

Sostén la pelota en el guante

Ten el pito en tu mano

Pita

Dale la mano izquierda (derecha) a Jacobo

Sujeta tu pie derecho en tu mano izquierda

MANDATOS

Sostén la soga para saltar/ la cuerda para brincar / la soga para brincar

Levanta la cuerda para saltar del suelo y tráemela

Salta la soga

Ve saltando hacia la ventana (puerta) con el pito; otros juguetes y equipo de jugar

Coge el globo y ponlo en la mesa

Toca el pito y salta; camina; corre

Señala el globo y toca el globo

Infla el globo

Tráeme la cuerda para saltar

Tráeme el globo… Ínflalo y sonríe

Levanta tus (ambos) brazos

Abre tus dos (ambos) ojos y cierra tus ojos

MANDATOS NOVEDOSOS

Pon tu mano derecha en (sobre) la pelota; el guante; la soga para saltar; y salta hacia adelante; hacia atrás

Pon tu mano derecha sobre tu ojo derecho y salta para atrás (retrocede saltando)

Pon tu mano izquierda en el banco y canta; ríete; pon mala cara

Levanta tus (los dos, ambos) brazos

Ahora levanta tus dos (ambos) pies (Aunque no puedan hacer esto, déjelos que traten.)

Levanta tu pie derecho y tu mano izquierda

Abre tu ojo derecho y cierra tu ojo izquierdo (Este mandato requiere concentración de parte de los estudiantes; note cómo escuchan con atención antes de decidir qué hacer.)

Ahora tráeme la cuerda para saltar; el silbato (pito); la pelota; el guante

# Artículos para mantener la casa

taladro eléctrico

martillo

tenaza(s)/alicate(s)

serrucho

destornillador

brocha

papel tapiz

regla de carpintero

cepillo de mano

escoba

mezcladora

trapo

balde/ cubo/ cubeta

pala/recogedor y escoba/escobilla

aspiradora

clavo

tornillo

nivel

cola/ pegamento/ goma de pegar

**89**

# Muebles, etc.

manta/
cobija/
frazada

cama

tina/bañera

sillón

silla

cómoda

reloj

estante de libros / librero

televisor

armario

mesa

computadora

ducha/
regadera

escritorio

lavabo

lavaplatos

lámpara

cuadro

teléfono

espejo

# UNIDAD VI VOCABULARIO ESENCIAL — LECCIONES 51-63

Combine estas nuevas acciones con este vocabulario nuevo.

| Acciones | Sustantivos | (Sustantivos cont.) | Otros |
|---|---|---|---|
| descarga | plancha(s) | máquina(s) de coser | ancho(a)(s) |
| hala (halen) la cadena | lavadora(s) | cesto(s) de basura | |
| estrecho(a)(s) | | | |
| lava (laven) | cubo (s) | basurero(s) | o |
| enjuaga (enjuaguen) | balde(s) | cepillo(s) de pelo | en |
| seca (sequen) | secador/a(s) | cepillo(s) de dientes | dentro de |
| peina (peinen) | teléfono(s) | cocina(s) | a la izquierda |
| vierte (viertan) | radio(s) | estufa(s) | a la derecha |
| echa (echen) | televisión | quemador(es) | entre |
| | televisor(es) | horno(s) | |
| | aspiradora(s) | jarra(s) | |
| | escoba(s) | cazo(s) | |
| | sala(s) | sartén (sartenes) | |
| | cuarto(s) | plato(s) | |
| | recámara(s) | plato hondo | |
| | dormitorio(s) | taza(s) | |
| | cómoda(s) | vaso(s) | |
| | cama(s) | olla(s) | |
| | ropero(s) | pala(s) | |
| | guardarropa(s) | clavo(s) | |
| | baño(s) | cerca(s) | |
| | jabones | refrigerador(es) | |
| | ducha(s) | *fregadero(s) | |
| | inodoro(s) | cuchara(s) | |
| | excusado(s) | tenedor(s) | |
| | peine(s) | servilleta(s) | |
| | toalla(s) | garaje(s) | |
| | bañadera(s) | martillo(s) | |
| | tina(s) | escalera(s) | |
| | casa(s) | portón (portones) | |
| | meñique(s) | rastrillo(s) | |
| | manguera(s) | tabla(s) de planchar | |
| | lámpara(s) | | |

*NOTA: Aclare la diferencia entre *fregadero* y *lavamanos* o *lavabo*. También entre *televisor* y *televisión*.

## MANDATOS DE REPASO

(Repase lo que no se sabe de la lección 50.)

Enséñame la cuerda para saltar… Salta la soga

Coge el globo e ínflalo

Tráeme los dos: el globo y la cuerda para saltar

Enséñame dos globos

Infla los dos globos


## MANDATOS

Enséñame el cubo

Toca la plancha… Señala la plancha

Pon el cubo sobre (debajo de) la plancha

Coge la plancha

Toca la tabla de planchar

Pon la plancha sobre (debajo de) la tabla de planchar

Abrázame; abrázalo (a él); abrázala (a ella); abraza a _____

Toca la secadora y señala la secadora

Toca la lavadora

Pon la tabla de planchar al lado de la secadora; la lavadora


## MANDATOS NOVEDOSOS

Pon el cubo en la secadora… Salta hacia la lavadora

Camina para atrás hacia la tabla de planchar

Pon la plancha en (dentro de) la lavadora

Abraza la lavadora; la secadora

Empuja el cubo al lado de la lavadora

## MANDATOS DE REPASO

Señala la plancha

Enséñame la tabla de planchar

Toca la secadora

Coge el cubo y ponlo en el suelo

Toca la lavadora; la secadora

Enciende la lavadora; la secadora

Pon la plancha en (debajo de) la tabla de planchar

Pon la plancha al lado del cube

## MANDATOS

Enséñame el teléfono… Cógelo y ponlo en la mesa

Dame el teléfono

Señala el radio

Enciende el radio… Apaga el radio

Coge el reloj y señálalo

Toca la máquina de coser

Señala la máquina de coser

Dame el cesto de la basura

Empuja el reloj al lado (cerca) del cesto de la basura

Pon el cesto de basura en la máquina de coser

Enséñame el televisor… Pon el radio sobre el televisor

Apaga (enciende) el televisor

## MANDATOS NOVEDOSOS

Pon el reloj en el cesto de basura… Pon el cesto de basura sobre el radio…

Pon el radio en el televisor… Enciende el televisor y ríete

Pon el teléfono en la máquina de coser… Pon la máquina de coser debajo
     del televisor… Pon el radio en la cabeza… Pon el televisor y ríete y llora

Ronaldo, pon el teléfono en el cesto de basura

Juana, enséñame el teléfono y señala el teléfono

## MANDATOS DE REPASO

Toca la plancha; la tabla de planchar

Enséñame el teléfono

Coge el cesto de basura

Empuja la máquina de coser hacia el televisor

Dame el reloj

Coge el radio y enciende (apaga) el radio; el televisor

Pon el radio sobre el televisor

## MANDATOS

Empuja la escoba; jala la escoba

Barre con la escoba

Toca el trapeador y cógelo

Levanta la escoba y el trapeador

Enséñame el recogedor

Dame el recogedor

Empuja la aspiradora y señálala

Dame la escoba; el trapeador; la aspiradora

Hala la escoba y el trapeador

Empuja el recogedor y la escoba

## MANDATOS NOVEDOSOS

(Pon diversos objetos en (sobre, dentro de, etc.) otros objetos de la casa. Añade *ríete* y *llora* a

algunos de los mandatos.)

Pon el radio y la escoba en el cubo

Empuja el recogedor hacia la aspiradora

Pon la escoba y el trapeador sobre el televisor

Pon la plancha en el recogedor

## MANDATOS DE REPASO

Señala la escoba; el recogedor

Empuja el trapeador

Dame la escoba

Enséñame el recogedor

Coge la aspiradora

Barre con la escoba

Limpia con la aspiradora

## MANDATOS

Señala el sofá… Pon el radio al lado del sofá

Enciende (Apaga) la lámpara

Pon la lámpara sobre el televisor

Siéntate en la silla… Pon la silla al lado del sofá

Mira la televisión

Señala la sala

Pon el sofá (silla, lámpara, aspiradora) en la sala

Siéntate en el sofá de la sala

## MANDATOS NOVEDOSOS

Pon la silla en el sofá… Siéntate en la silla

Pon la lámpara debajo del televisor

Pon la lámpara en tu cabeza… Señala tu cabeza y ríete

Siéntate sobre el televisor (si es suficientemente fuerte)

## MANDATOS DE REPASO

Enséñame la sala

Señala el sofá; la silla

Siéntate en el sofá; la silla

Enciende el radio; el televisor… Apágalos

Señala la lámpara

Enciende (Apaga) la lámpara

Mira la televisión en la sala

Enciende el televisor, Karen

Jorge, observa a Karen encender el televisor

Pon a la madre (al padre) en la sala

## MANDATOS

Señala la recámara… Pon la lámpara en la recámara

Enséñame la cama… Pon al bebé en la cama

Señala la cómoda y salta hacia el tocador

Toca la cama y siéntate en la cama

Párate al lado de la cama

Toca la cama ancha

Toca la cama estrecha

Enséñame la cómoda ancha

Enséñame la cómoda estrecha

Señala el ropero

Abre (Cierra) la puerta del ropero

## MANDATOS NOVEDOSOS

Pon la lámpara debajo de la cama

Pon el radio en el ropero… Señala el ropero

Enciende el televisor y mira la televisión

Pon un lápiz debajo de la cómoda y aplaude seis veces

Pon (varios objetos) en la recámara/el dormitorio

NOTA: A este nivel, los estudiantes ya deben de ayudarle a usted a crear más mandatos novedosos.

MANDATOS DE REPASO

Señala la recámara; la sala

Enséñame el ropero

Señala la cama y la cómoda

Enséñame (Abre, Cierra) la puerta del ropero

Señala la cama ancha (estrecha)

Toca la cómoda ancha (estrecha)

Pon al hermano en la recámara

MANDATOS

Camina hacia el baño (Ve al baño) y señálalo

Enséñame la bañadera

Señala la ducha

Abre la llave de la ducha

Pon el jabón al lado de la ducha

Abre (Cierra) la llave del agua

Coge el jabón… Toca el jabón y ponlo en la tina

Pon el jabón en la tina

Señala el excusado

Jala la cadena del inodoro

MANDATOS NOVEDOSOS

Hala la escoba hacia la ducha y ponla debajo de la ducha

Empuja el trapeador y el cubo hacia la llave de agua… Ponlos sobre tu cabeza
　y ponte dentro del agua

Métete en la bañadera con la escoba

Pon el jabón sobre la cabeza de _____

MANDATOS DE REPASO

Señala la recámara; la sala

Enséñame el baño

Toca la ducha y la bañadera

Señala la tina y pon al bebé dentro de la tina

Pon el jabón en la bañadera

Enséñame el inodoro

Jala la cadena del inodoro

Pon a la hermana en el baño


MANDATOS

Lávate las manos (la cara, el cuello, los brazos) con jabón y agua

Enjuágate las manos (cara, cuello, brazos) con agua

Sécate las manos con una toalla

Siéntate en la bañadera al lado de (sobre) la toalla roja (azul)

Enséñame el peine

Pon el peine en mi (tu; su de él; su de ella) mano

Toca el cepillo de dientes verde

Dobla la toalla roja (azul, amarilla)

Pon la toallita al lado de (sobre) la toalla

Dobla la toallita

Pon el cepillo del pelo sobre el (debajo del) inodoro

Siéntate en la tina al lado de la toallita

Pon el peine sobre el (debajo del) cepillo del pelo

Cepilla tu pelo con el cepillo del pelo

Lava tu peine… Enjuágalo y sécalo

Ahora peina tu pelo/péinate… Ahora cepíllate el pelo


MANDATOS NOVEDOSOS

Siéntate en la toalla (el peine, el cepillo de dientes) y llora; pon mala cara;
    canta; baila; ríete

Siéntate debajo de la ducha y canta

Pon el peine en (sobre) el cepillo de dientes

Ve al inodoro, ponte de pie sobre el inodoro y señala el inodoro

MANDATOS DE REPASO

Péinate con el peine

Cepíllate el pelo con el cepillo del pelo

Dame el peine; el cepillo del pelo

Pon el cepillo de dientes sobre la toallita

Pon la toallita y el jabón sobre la toalla roja (verde, azul, color café)

Pon la toalla en la tina

Lávate (Enjuágate) la cara; las manos; los pies; los brazos; el cuello, etc.)

Sécate la cara con la toalla

MANDATOS

Señala la cocina

Toca el refrigerador

Abre el refrigerador y ciérralo

Toca el fregadero; el televisor; la lámpara

Señala el horno…Abre y cierra la puerta del horno

Pon la lámpara sobre el televisor

Finge ser una abuela (abuelo)… Mira la televisión

Apaga el televisor y llora

Pon el refrigerador en la cocina (use fotos)

Pon el horno al lado del fregadero

Enséñame la estufa…Párate al lado de la estufa

Pon la estufa al lado del refrigerador en la cocina

MANDATOS NOVEDOSOS

Pon la lámpara en el refrigerador

Pon el televisor dentro de la estufa

Siéntate sobre el fregadero y llora.

Pon el radio sobre el fregadero… Abre (Cierra) la llave del agua en el fregadero

Pon el cepillo de dientes, la toalla y la toallita en la parte de abajo del refrigerador

Pon el cepillo del pelo y el jabón arriba del refrigerador

Abre el refrigerador y saca el cepillo de dientes

## MANDATOS DE REPASO

Enséñame la cocina… Señala la cocina

Señala la estufa y el horno

Toca el refrigerador

Pon el jabón sobre el (dentro del) fregadero

Pon la toallita dentro del horno

Pon la toalla debajo de la toallita

Enséñame la estufa

Pon a la abuela en la cocina


## MANDATOS

Toca el plato

Pon el plato sobre el fregadero.

Pon el cazo dentro del horno

Pon el sartén grande (pequeño) en la estufa

Enséñame el cazo grande… Pon el sartén grande al lado del sartén pequeño

Coge la taza pequeña

Señala la jarra grande (pequeña)

Enséñame la jarra blanca… Vierte el agua dentro de la jarra

Echa el agua de la jarra en el vaso

Pon el vaso sobre el plato; el cazo

Enséñame el plato hondo (la taza) grande (pequeño (a))

Pon el tazón debajo del plato

Lava (Enjuaga, Seca) el plato hondo y el plato

Seca el plato (vaso, taza) con la toalla grande

Pon la jarra al lado de la taza; el vaso; el plato; el sartén


## MANDATOS NOVEDOSOS

Pon el plato hondo y el cazo sobre la taza

Pon el plato sobre tu cabeza y camina hacia adelante

Pon el vaso en el tazón… Pon tu nariz dentro del vaso

Pon el sartén grande sobre tu dedo meñique… Sujeta el sartén con tus dientes

## MANDATOS DE REPASO

Vierte el agua dentro del vaso rojo (verde)

Enséñame la jarra azul (anaranjada, blanca)

Dame el plato (tazón) grande (pequeño)

Pon la taza dentro del (debajo de) sartén

Pon el vaso dentro (al lado) del plato hondo

## MANDATOS

Pon la cuchara sobre el plato

Pon el tenedor dentro de la taza

Coge el tenedor y la cuchara… Pon la cuchara a la derecha (izquierda) del tenedor

Enséñame el cuchillo grande (pequeño)

Dobla la servilleta ancha (estrecha)

Pon el cuchillo a la derecha de la servilleta

Pon la servilleta sobre el plato azul

Coge el vaso o el plato

Coge el tenedor o la cuchara

Pon el tenedor a la izquierda del cuchillo

## MANDATOS NOVEDOSOS

Pon la cuchara dentro de tu oído

(Aclare la diferencia entre *oídos* y *oreja.*)

Pon el tenedor dentro del plato hondo… Pon el plato hondo debajo de la mesa

Pon la servilleta al lado de la cuchara dentro de tu oído

Pon el sartén y el cuchillo dentro del fregadero… Pon el plato debajo del cuchillo… Coge el sartén y el plato… ponlos dentro del horno

Salta hacia la cuchara… Coge la cuchara y la servilleta… Ponlos en el refrigerador y ríete; llora; canta; baila; pon mala cara

NOTA: Aliente a las estudiantes para que le ayuden a crear más mandatos novedosos .

## MANDATOS DE REPASO

Enséñame la cuchara y ponla sobre el plato

Dobla la servilleta y ponla al lado del plato

Coge la taza y el vaso y ponlos en la mesa

Pon la servilleta debajo de la cuchara

Pon el tenedor a la izquierda y pon el cuchillo y la cuchara a la derecha del
   tenedor

## MANDATOS

Señala la casa… Enséñame la parte de arriba de la casa

Toca la parte de abajo de la casa

Señala el garaje… Toca el garaje

Coge el martillo y ponlo a la derecha del garaje

Enséñame la palo y ponlo en el garaje

Coge el clavo y ponlo en la escalera

Pon los clavos en una caja grande

Salta (Corre, Brinca) hacia la escalera; la pala; el garaje; la casa

Pon la escalera a la derecha (izquierda) del garaje

Empuja la escalera dentro de la casa

Coge al padre y ponlo en el garaje

Pon la secadora en el garaje

Pon la máquina de lavar/lavadora a la izquierda (derecha) de la secadora

## MANDATOS NOVEDOSOS

Siéntate sobre el martillo

Coge la palo y párate sobre los clavos… Ahora siéntate sobre el martillo

Salta hacia la escalera… Brinca hacia el secador… Pon la pala sobre la
   secadora… Pon los clavos dentro de la lavadora… Señala los clavos y salta

## MANDATOS DE REPASO

Señala la casa… Pon la cama y la lámpara en la casa

Enséñame el garaje

Coge la pala; la escalera

Pon la escalera en el garaje

Dale al clavo con el martillo

Señala la caja ancha (estrecha)

Pon los clavos en la caja en el garaje

## MANDATOS

Señala el patio

Enséñame el basurero

Pon el basurero en el patio

Dibuja un basurero y coloréalo de verde (amarillo)

Señala la puerta de la cerca/portón

Dibuja un portón

Colorea la puerta de la cerca de blanco (de negro; de gris)

Toca la cerca

Dibuja una cerca… Colorea la cerca de color café; de verde;

Señala el rastrillo

Dibuja una manguera… Colorea la manguera de rojo; de azul; de anaranjado;
  de morado

Pon la manguera en el patio… Pon el rastrillo al lado de la manguera

Pon el rastrillo entre la manguera y el basurero

Pon la escalera entre la puerta de la cerca y el rastrillo; la manguera

## MANDATOS NOVEDOSOS

Date en la cabeza con el martillo y llora (martillo de juguete)

Pon el basurero sobre la cara...   Pon el rastrillo dentro del basurero…

Pon  la manguera al lado del rastrillo… Siéntate sobre el basurero y señala hacia el
  patio

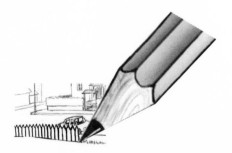

# Panadería y supermercado

# UNIDAD VII VOCABULARIO ESENCIAL — LECCIONES 64-73

En esta unidad, combine estas ACCIONES nuevas con este vocabulario.

**Acciones**

vierte(me)(le) (viértanme)(le)
  (les)(los)(las)
echa (echen)
toma (tomen)
  bebe (beban)
revuelve (revuelvan)
pasa (pasen)
alcanza (alcancen)
unta (unten)

**Sustantivos**

huevo(s)  conserva(s)
jugo(s)
pan(es)
tostada(s)
tomate(s)
lechuga(s)
zanahoria(s)
apio(s)
ensalada(s)
calabaza(s)
papa(s)
   patata(s)
maíz
   elote(s)
habichuela(s)
ejote(s)
melón (melones)
cebolla(s)
tocino(s)
jamón (jamones)
pollo(s)
hamburguesa(s)
sándwich(es)
   emparedado(s)
carne molida
perro(s) calientes
papas fritas
salchicha(s)
mostaza
Coca-Cola
Pepsi
catchup
   salsa de tomate
sopa(s)
caldo(s)

**Otros**

de
algún (algunos)(as)
   unos (unas)
que están en
grueso(a)(s)

**Sustantivos (cont.)**

sandía(s)
toronja(s)
pera(s)
naranja(s)
fresa(s)
manzana(s)
mantequilla de maní
   (de cacahuete)
   (de cacahuate)
arroz
mantequilla
cereza(s)
uva(s)
limón (limones)
mayonesa
melocotón (melocotones)
   durazno(s)
galleta(s)
   galletica(s)
banana(s)
   plátano(s)
jalea(s)
   conserva(s)
helado(s)
   nieve(s)
torta(s)
   pastel(es)

NOTA: Reúna frutas y legumbres, ya sean de plástico, cera o verdaderas. También use cajas vacías de los productos mencionados. Usando los objetos en sí, los estudiantes experimentan menos confusión que cuando se usan fotografías o dibujos.

## MANDATOS DE REPASO

(Repase lo que no se saben de la Lección 63.)

Enséñame el basurero

Pon al bebé (la madre, el padre) al lado del basurero

Señala la manguera… Pon al hermano a la izquierda de la manguera

Dibuja una cerca y un rastrillo

Colorea la cerca de color café y el rastrillo de negro


## MANDATOS

Enséñame los huevos grandes (pequeños)… Cuenta seis huevos

Dame la leche

Dale la leche a Sally… Sally, vierte la leche en la jarra

Toca el jugo de naranja

Echa el jugo de toronja en el vaso; en la jarra; en la taza

Señala el pan; las tostadas

Dame el pan y un vaso de leche; jugo de naranja

Señala el cereal

Toma el jugo de naranja

Coge el cereal y ponlo en la mesa

Bebe la leche

Cómete el pan; la tostada con mantequilla

Echa la leche en el cereal

Come el cereal y tómate la leche


## MANDATOS DE REPASO

Vierte el jugo de naranja en la leche… Toma la leche con el jugo de naranja adentro

Coge el cereal y siéntate debajo de la mesa… Pon el cereal debajo de tus rodillas

Pon la tostada sobre tu cabeza y camina hacia atrás

MANDATOS DE REPASO

Tómate el jugo de naranja

Vierte la leche en la jarra; el vaso

Echa el jugo en mi vaso; taza; fregadero; jarra

Pon los huevos en la mesa… Dámelos

Empuja el pan hacia el cereal

Coge el pan y cómetelo

MANDATOS

Enséñame la lechuga y cógela

Enséñame el tomate rojo (verde)

Pon la lechuga al lado de las zanahorias

Pon la zanahoria larga (corta) en la mesa

Pon la zanahoria gruesa (delgada) debajo de la mesa

Corta el apio y ponlo en la caja

Berta, finge ser la madre y corta las zanahorias y el apio

Ahora haz una ensalada de tomate, lechuga, zanahorias y apio

Daniel, finge ser el padre y cómete la ensalada

MANDATOS DE REPASO

Coge la ensalada y ponla sobre (debajo de) tu silla

Coge las zanahorias y ponlas sobre mis pies

Tírale el apio a _____

Salta hacia el tomate… Ponlo sobre la cabeza de Jorge… Señala a Gerardo y ríete

Agarra la lechuga y tírasela a Marta          .

MANDATOS DE REPASO

Corta tres tomates rojos

Dame tres tomates y dos zanahorias

Pon los tomates, la lechuga y el apio en la mesa

Corta las zanahorias y el apio y ponlos en la ensalada

Dibuja una ensalada grande (pequeña)


MANDATOS

Enséñame una gran calabaza anaranjada

Dame la papa grande (pequeña)

Pon el maíz amarillo al lado de la papa de color café

Tira la habichuela debajo de la mesa

Pon la calabaza al lado de la cebolla

Corta las habichuelas y ponlas en una ensalada con las cebollas chicas

Cómete la ensalada


MANDATOS NOVEDOSOS

Tírame una habichuela… Tírale dos habichuelas a Pablo… Corre alrededor de
Ruth y dale una papa y maíz

Pon dos papas en tu cabeza y salta hacia _____

Pon dos cebollas sobre tus rodillas y sonríe; pon mala cara; ríete; canta; baila

Dibuja algunas habichuelas y coloréalas de morado, negro y anaranjado

Dale cinco calabazas a Tony y canta

Salta alrededor de la lechuga y pon mala cara

Corre hacia José con una cebolla debajo del brazo

NOTA: Si usted usa una caja grande como refrigerador y pone las "carnes" dentro de la caja, los estudiantes podrían practicar los mandatos con más realismo.

MANDATOS DE REPASO

Dame la calabaza y la cebolla

Dale la calabaza a _____

Pon la papa y la calabaza sobre (al lado de) las cebollas

Corta una papa y dásela a _____

Dibuja una calabaza y bórrala

Corta algunas habichuelas

Dibuja algunos frijoles y coloréalos de verde

MANDATOS

Señala el tocino y las papas grandes

Saca el tocino del refrigerador

Ahora pon el tocino en la mesa; el fregadero

Señala el jamón (pollo) que está en el refrigerador

Enséñame el pollo… Toca el jamón y cómete el tocino

Pon la carne molida debajo (arriba) del tocino

Coge el perro caliente y la tostada y cómetelos

Pon el perro caliente en el pan y cómetelo

MANDATOS NOVEDOSOS

Pon el tocino debajo de la silla

Pon la carne molida encima de tu cabeza

Unta el pollo con mostaza

Úntale mostaza al perro caliente y baila

Vierte la leche encima del perro caliente y ríete

Dibuja unas habichuelas y coloréalas de azul

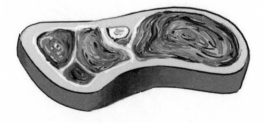

MANDATOS DE REPASO

Coge el tocino y el pollo

Pon el jamón en el refrigerador; en la mesa

Pon el perro caliente al lado de la carne molida

Pon el panecillo debajo de la tostada

Pon el perro caliente en el panecillo

Saca el perro caliente del refrigerador

Vierte la leche dentro de la jarra

Vierte el jugo en el vaso


MANDATOS

Úntale mostaza a la hamburguesa

Pon las papas fritas al lado de la carne molida

Échele salsa de tomate a las papas fritas

Vierte Coca-Cola/Pepsi dentro del vaso

Revuelve el jugo del vaso; de la taza

Revuelve la leche de la jarra

Echa la sopa en el plato hondo; la taza; el fregadero

Échale salsa de tomate a la hamburguesa


MANDATOS NOVEDOSOS

(El maestro debe de usar mandatos que combinen los diferentes alimentos, legumbres y carnes; añadiendo frases como "Siéntate debajo de la mesa, "Pon tu nariz... ", "Pon tus rodillas en la mesa," etc.)

MANDATOS DE REPASO

Revuelve la sopa con la cuchara; el tenedor

Úntale salsa de tomate al panecillo

Enséñame la hamburguesa y las papas fritas

Dame el pollo y las tostadas

Pon la salsa de tomate al lado de la mostaza

Coge la Coca-Cola y tómatela

Úntale mostaza a la salchicha

Pon el jamón en el refrigerador

Saca el jamón del refrigerador

MANDATOS

Úntale (Ponle) mantequilla de maní al pan

Alcánzame la conserva; la jalea

Dale la conserva a _____ y a _____

Alcánzame el arroz con pollo

Dame las galletas; el jamón; la mantequilla

Ponle mantequilla (jalea, conserva) a la galleta

Enséñame la mantequilla y la jalea; el arroz

Dame un plato de arroz y frijoles

Pon un panecillo en mi plato

Dale un plato de arroz con pollo a David

MANDATOS NOVEDOSOS

(Continúe haciendo combinaciones fuera de lo común con los alimentos que han aprendido.)

## MANDATOS DE REPASO

Dame la mantequilla y las galletas

Úntale jalea (conserva) al pan

Señala el arroz… Tócalo y cómetelo

Coge el sándwich de jamón

Úntale mantequilla al panecillo de Bertha

## MANDATOS

Pon la banana amarilla sobre (debajo de) la caja de arroz

Pon las cerezas arriba de las galletas

Señala la manzana roja (amarilla, verde)

Pon las uvas verdes sobre (al lado de) la mantequilla

Dame las fresas pequeñas

Coge las fresas rojas y grandes… Ponlas en la caja

Recoge las fresas que están en el suelo

Coge la manzana (la banana, la uva) que está en la mesa y dámela (dásela a él dásela a ella)

## MANDATOS NOVEDOSOS

Coge la manzana que está en mi escritorio y ponla debajo de la silla; el libro; la mesa

Pon las cerezas y las uvas en el sándwich… Siéntate debajo del escritorio y cómete el sándwich

Ponte el sándwiches en la cabeza y canta

Saca el perro caliente del panecillo y ponlo dentro del escritorio

## MANDATOS DE REPASO

Dibuja algunas fresas… Coloréalas de rojo

Pon la banana amarilla y las cerezas rojas en la mesa

Pon el plátano verde debajo de la mesa

Coge las uvas y el plátano y dámelos

Señala las uvas verdes y coge las uvas moradas

Dale a _____ la manzana roja y camina alrededor de tu pupitre (el pupitre de él, ella).

## MANDATOS

Enséñame un limón… Ahora dibuja el limón

Colorea el limón de amarillo y dáselo a _____

Corta las naranjas sobre la mesa y dámelas

Señala el melocotón… Coge el melocotón y ponlo en la mesa

Dame la pera y el melocotón

Pon la pera verde al lado del durazno

Dibuja dos melones grandes

Colorea las sandías de verde y señálalas

Dibuja algunas naranjas

Colorea las naranjas de anaranjado y dáselas a _____

## MANDATOS NOVEDOSOS

Colorea las frutas de colores extravagantes. Por ejemplo: dibuja un melón y coloréalo de negro

Salta hacia el pizarrón con un melón sobre tu cabeza

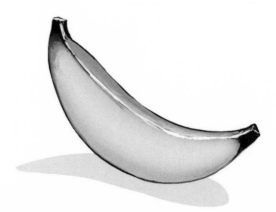

## MANDATOS DE REPASO

Enséñame las naranjas y ponlas en la mesa; el escritorio; la silla

Colorea la pera de verde y el limón de amarillo

Señala los melocotones y el melón

Toca el durazno pequeño (grande)

Dibuja tres (dos, cuatro) plátanos y bórralos

Coge la pera y las uvas y dámelas; dáselas a él; dáselas a ella

## MANDATOS NOVEDOSOS

Dame un dulce… Dale un dulce a _____

Pon el pastel en el plato; la mesa

Pon el pastel en el horno; el fregadero

Pon el helado en el plato

Dale helado a ella… Ahora ponlo sobre la torta

Señala la torta… Cómete la torta

Pon la galleta (dulce, pastel, torta) en el horno

Pon el dulce al lado del helado

Dale nieve a él

## MANDATOS NOVEDOSOS

(El maestro(a) debe usar mandatos acerca de poner las diferentes alimentos en diferentes lugares, añadiendo: *ríete, sonríe, llora, pon mala cara, baila*, etc.)

Revuelve la mostaza con la salsa de tomate… Ponlos sobre el helado

Pon el helado en el pan… Ponlos en el horno

Pon el helado sobre la cabeza de Diego

# UNIDAD VIII VOCABULARIO ESENCIAL — LECCIONES 74-84

## Espacio, orden, posición, número, el reloj y días de la semana

Esta unidad introduce conceptos básicos tomados del *Test of Basic Concepts* por Ann E. Boehm, Psychological Corporation of America, 1967, 1970.

Combine estas nuevas acciones con estos conceptos.

*Conceptos introducidos en unidades previas

## Conceptos básicos

| | | |
|---|---|---|
| arriba | segundo(a)(s) | igualar |
| a través de | esquina(s) | combinar |
| por | varios(as) | siempre |
| lejos de | tercer(o)(a)(s) | tamaño mediano |
| *al lado de | fila(s) | *derecho(a) |
| junto a | hilera(s) | *hacia adelante |
| adentro | diferente(s) | cero |
| dentro de | después | cada |
| *algún (algunos)(as) | casi | separado(a)(s) |
| medio | mitad(es) | *izquierdo(a) |
| centro | media(s) | par(es) |
| unos(as) pocos(as) | centro | pasar por alto |
| el (la) más lejano(a) | tantos(as) | omitir |
| los (las) más lejanos(as) | lado(s) | saltar |
| *alrededor de | enfrente de | *hasta |
| *sobre | al frente | en orden |
| encima de | otro(a)(s) | ni primero ni último |
| el(la) más | semejante (s) | en (la) menos |
| los(las) más | igual(es) | unos cuantos |
| la mayoría de | por el estilo | |
| entre | parecerse | |
| en medio de | asemejarse | |
| entero(a) | último(a)(s) | |
| todo(a) | nunca | |
| primero(a)(s) | debajo de | |

## Acciones

pon (el reloj)
toma
pasa
(verbos en el futuro)

## Otros

en punto
cuarto (de hora)
media (hora)
hoy
domingo
lunes
martes
miércoles
jueves
viernes
sábado

Esta unidad repasa los objetos, los colores, los números, las figuras geométricas, los alimentos y la ropa. También introduce el tiempo futuro.

Lea cada lección y prepárese de antemano con los objetos que va a necesitar. Combine este vocabulario con los de las lecciones previas.

Tenga unos relojes listos o deje que los estudiantes los hagan con manecillas movibles.

## MANDATOS DE REPASO

Coge dos panecillos y cuatro galleticas

Ponlos en la mesa y úntale mantequilla al  panecillo

Dame leche (jugo de naranja), Juana

Toma (Bebe) la leche y dame el helado… Dale el jugo de naranja a \_\_\_\_\_

## MANDATOS

Toca la parte de arriba (de abajo) del papel (la caja; la mesa; la silla; el libro)

Pasa por la puerta

Empuja la caja por la ventana

Aléjate del escritorio; la ventana; la puerta; la mesa

Aléjate corriendo del aula

Enséñame la caja que está lejos de la mesa

Pon el papel dentro de la caja; el escritorio

Toca tus relojes… Enséñame tu reloj

Pon tu reloj a la una en punto

Pon tu reloj a las dos (cinco; una; seis; tres; cuatro) en punto

## MANDATOS NOVEDOSOS

Empuja tu reloj… hálalo

Pon tu reloj al lado de (junto a) tu cabeza (nariz; orejas; ojos; etc.)

Pon tu reloj dentro de tu pupitre

Pon tu reloj encima de tu cabeza y ponlo a las cuatro en punto

Sacude tu reloj y ríete; llora; pon mala cara; canta; baila

## MANDATOS DE REPASO

Coge la tiza

Pon el lápiz junto a la tiza

Pon la banana al lado de la manzana

Pon tres crayones dentro de la caja

Empuja la silla alejándola de la mesa

Camina hacia afuera

Enséñame la parte de arriba de tu cabeza

Señala las plantas de tus pies

Pon tu reloj a la una (las seis) en punto

## MANDATOS

Dibuja un triángulo en el pizarrón

Dibuja un círculo alrededor del triángulo; lápiz

Dibuja una caja con dos círculos alrededor de ella

Pon el libro en medio de la mesa; la silla; el pupitre

Dame (dale) unas cuantas uvas (manzanas, otras frutas) a _____

Tírale unos cuantos crayones a _____… Cógelos, _____

Camina hacia la pizarra más alejada del pupitre; del pupitre de _____

Pon algunos, no muchos, lápices (plumas; crayones) en la caja

Enséñame el crayón que está más lejos del crayón rojo (azul, otros colores)

Escribe tu nombre y dibuja un círculo alrededor de tu nombre

Coge algunos, no muchos, relojes, Cristina; _____

Coge (Baja) unos cuantos relojes y dáselos a _____

Coge un reloj y ponlo a las siete en punto

Pon tu reloj a las ocho (diez, doce, once, nueve) en punto

Pon tu reloj dentro de tu pupitre

MANDATOS DE REPASO

Camina alrededor del escritorio… Voltea tu cabeza

Señala hacia el centro del cuarto; la puerta; la ventana

Dame algunos lápices; libros

Pon unos cuantos lápices de colores en la caja

Enséñame la mesa más alejada del pizarrón; la ventana; la puerta

Pon tu reloj a las siete en punto; ocho, nueve, diez, once, doce en punto

MANDATOS

Coge tu reloj y ponlo a las cinco en punto

Enséñame tu reloj… Ahora ponlo a las tres (doce) en punto

(Combina todas las horas posibles.)

Brinca sobre tu reloj;

Enséñame la caja (el papel) más ancha(o)

Pon tu reloj entre tus libros

Recoge la mayoría de las uvas; las galletas; los panecillos; los huevos

Pon el 6 entre el 8 y el 5

Pon la manzana entre la banana y la pera

Pon el lápiz de color rojo entre el azul y el verde

Dame un panecillo (pastel, torta) entero(a)

Dame una manzana entera… Corta la manzana

Recoge la mayoría de las manzanas; cerezas; uvas; galleticas

Toma tu reloj y ponlo a la 1:30

Enséñame tu reloj

Pon tu reloj a las 2:30

(Sigue añadiendo media hora hasta llegar a las 12:30.)

(Usa diferentes horas.)

Pon tu reloj dentro de tu pupitre

MANDATOS DE REPASO

Salta sobre la caja

Párate (Siéntate) sobre el papel más ancho

Dame la mayoría de los lápices de colores

Ponte entre Ana y \_\_\_\_\_

Ponte entre las dos sillas

Enséñame la manzana entera

Pon tu reloj a las 2:30; 3:20; 5:30; etc.

MANDATOS

Enséñame al niño que está más cerca de la puerta

Camina hacia la silla más cerca de ti… Tócala

Coge la primera(o); segunda(o); tercera(o); etc. pelota; lápiz; lápiz de color; libro;  etc.

Siéntate en la primera (segunda) silla

Párate sobre la tercera silla y sonríe

Coge el crayón que está más cerca de los lápices

Enséñame la esquina de la mesa

Toca la esquina del salón; libro

Dame varios libros; lápices; crayones; manzanas

Mira detrás de mí

Párate detrás de mi silla; pupitre

Pon tus manos en la espalda y ríete

Pon a Juanita detrás de Carlos y a Leandro detrás de Doris

Párate en la esquina y pon mala cara

Coge tu reloj y ponlo a las 2:15

Pon tu reloj a las 3:15; 5:15; 10:15; etc.

Ponlo a las 10:15; 6:30; 8:15; 3:30; 3:00; 5:00; 7:30

(Continúa combinando horas, medias horas y cuartos de horas)

MANDATOS DE REPASO

Pon tu reloj en la esquina del cuarto

Pon tu papel en la esquina de tu pupitre

Toca la silla que está más cerca de la ventana

Pon los crayones en la primera (segunda, tercera) silla contando desde el escritorio

Pon varios lápices detrás de mi cabeza; mis pies

Pon tu reloj a las 6:15; 5:15; 4:15; 10:15; 2 y 20

Pon tu reloj dentro de tu pupitre


MANDATOS

Coge tu reloj y señálalo

Pon tu reloj a las 2 y 5; la una y 10; las 3 y 15; las 5 y 20

Pon tu reloj casi a las dos en punto; casi a las cuatro en punto; casi a las seis en punto

(Intercambie horas, medias horas y otros períodos de 5, 10 y 15 minutos.)

Toca las sillas de la primera fila

Pon las sillas (crayones, relojes, lápices) en fila

Enséñame la caja que es diferente

Abre la puerta y ciérrala

Señala la ventana después de cerrar la puerta

Toca el vaso (copa, jarra) que está casi lleno (vacío)(a)

Corta el papel verde (azul, anaranjado, amarillo, otros colores) por la mitad

Dame la mitad del papel

Corta la manzana roja (verde, amarilla) por la mitad

Dame la mitad de la manzana

Aplaude después de tocar la manzana roja

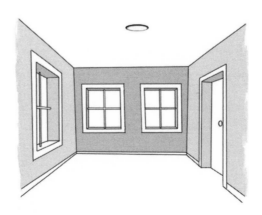

(De ahora en adelante, usted puede comenzar a usar mandatos que introduzcan formas verbales del tiempo futuro del indicativo.)

## MANDATOS DE REPASO

Corta tu papel por la mitad

Dame la mitad del papel

Señala la hilera de manzanas, plátanos, uvas

Siéntate después de tocar el libro; la mesa; la silla

Dame el vaso que está casi lleno; vacío

Corta un círculo, (triángulo, papel) por la mitad

Pon tu reloj a las 10:00; 11 :30; 9:15; 6:00; 8:30; 3:15; a diez minutos después de las dos

## MANDATOS

(El maestro fija la hora en el reloj y les dice a los estudiantes: A las 2:30 usted pondrá la pelota en la mesa.)

A las 7 en punto tú señalarás el centro de tu nariz

A las 6:30 tú dibujarás un círculo en tu papel

A las 10 en punto tú señalarás el centro de tu pupitre; círculo

A las 8:15 tú me darás tantos crayones (pelotas, lápices) como tengas

Ponte a la derecha (izquierda) de mi silla

Pon la primera bola (lápiz, libro) en la caja

A las 3 y 20 tú pondrás la otra pelota (libro, lápiz) en la caja

A las 2:45 tú me enseñarás al  muchacho que está enfrente de Jorge

Carolina, párate enfrente de _____

Pon tu reloj a las 11:30… Dale las 3:30 a _____

Dale las 12:20 a Pablo… las 7:30 a Jorge

A las 10:30 tú pondrás tu reloj enfrente de _____

A las 8:15 tú señalarás hacia el centro del reloj

A las 7:25 tú tocarás el lado derecho de tu reloj

Pon tus manos enfrente de tu reloj

Escribe los días de la semana en tarjetas pequeñas. Usa las tarjetas de esta manera: "Dale el domingo (tarjeta con la palabra *domingo*) a Alfredo."

## MANDATOS DE REPASO

Señala hacia el centro del cuarto; la caja: el círculo

Salta hacia el centro de la alfombra

Dame tantos lápices como tengas

Coge tantos lápices como tenga yo

Pon la caja a la izquierda (derecha) de la mesa

Enséñame la otra caja; lápiz; crayón; papel

Señala el triángulo (círculo, cuadrado) diferente

Pon el número 15 enfrente del 12, el 6 enfrente del 8, etc.

Pon tu reloj a (cualquier hora)

## MANDATOS

Enséñame algo que no tocarás (fuego)

Enséñame algo que un bebé no tiene (lentes)

Enséñame las manzanas rojas que se parecen

Señala las galleticas parecidas

Enséñame la última silla (muchacho) de la fila

Toca la blusa que combina con la falda

Enséñame la falda que va con los pantalones

Señala el lápiz (crayón, tiza) amarillo(a) que está debajo del pupitre

Hoy es domingo… Coge el domingo y dáselo a Alfredo

Coge el lunes… Dale el lunes a Clara

Clara, enséñame el lunes, entonces tíralo

Tírale el lunes a Kim… Kim, agarra el lunes

## MANDATOS DE REPASO

Siéntate sobre el domingo y el lunes

Pon tu nariz sobre el domingo y tus rodillas sobre el lunes

Salta el lunes, ríete y canta… Pon el domingo y el lunes debajo de la ventana

Usa tus tarjetas con los días de la semana.

## MANDATOS DE REPASO

Enséñame las camisas (zapatos, pantalones, medias) parecidas(os)

Señala al último niño de la fila

Siéntate debajo de la ventana

Señala el abrigo que va con el sombrero

Enséñame lo que un libro nunca tiene (un rabo)

Enséñame lo que un sombrero nunca tiene (mangas)

## MANDATOS

Enséñame lo que un libro siempre tiene (hojas)

Señala una caja (banana, manzana, naranja) mediana

Camina hacia adelante y coge la blusa; la chaqueta; el saco

Camina hacia atrás y señala hacia adelante

Señala hacia la derecha… Señala hacia la izquierda

Dame dos sombreros; otros artículos de vestir

Hoy es miércoles… Señala el miércoles

Pon el miércoles en tu oreja (zapato) derecha(o)

Pon el miércoles en tu ojo derecho

Coge el martes y ponlo debajo de tu pierna derecha

Pon el jueves debajo de tu silla; mesa; reloj

Pon el martes y el jueves arriba de _____ (cualquier prenda que quiera repasar)

Use tarjetas grandes con los días de la semana escritos con letras grandes.

## MANDATOS DE REPASO

Coge el lunes (martes, miércoles) con tu mano derecha (izquierda)

Enséñame lo que un pie siempre tiene (dedos)

Dame un lápiz (crayón, círculo, triángulo) mediano

Empuja la silla hacia adelante, hacia atrás

Enséñame la caja con tres crayones

Señala el lunes y el martes con tu mano derecha

Sujeta el miércoles con tu mano derecha

## MANDATOS

Pon tu reloj en el pupitre… Ahora pon tu reloj arriba de tu cabeza

Señala el reloj que está arriba de tu cabeza

Enséñame las cajas (huevos, frijoles) que están separadas(os) de las otras (los otros)

Señala tu lado izquierdo

Ponte a mi lado derecho

Enséñame un par de zapatos negros (de color café, blancos)

Señala un par de medias; zapatos

Aquí está el viernes… Empuja tu silla hacia adelante hasta donde está el viernes

Pon el viernes a la izquierda del jueves

Pon el jueves a la derecha del miércoles

## MANDATOS DE REPASO

Hoy es jueves… Coge el jueves y el viernes y ponlos debajo de los huevos
   (zapatos, frijoles, medias) que están separados(as) de los otros (las otras)

Pon el miércoles sobre el viernes… Pon el viernes a la derecha del jueves

Pon el lunes a la izquierda del jueves

Pon el martes debajo del miércoles

Pon el lunes en tus ojos y el domingo sobre tu cabeza

Dale el miércoles y el lunes a Jaime, Martha

## MANDATOS DE REPASO

Corre hacia el lado derecho (izquierdo) del cuarto

Señala la caja que está arriba del estante; el entrepaño

Dale a cada muchacho un crayón; un libro

Señala los lápices que están separados

Enséñame las medias que están separadas

Señala el par de zapatos negros (de color café)

Encuentra el par de medias rojas

Pon el viernes a la izquierda del jueves

## MANDATOS

Coge el papel y dibuja tres líneas

Salta una línea y escribe tu nombre

Abre tu libro en la página 5

Salta una página y enséñame la siguiente página

Enséñame los números que son iguales

Pon las cajas en orden desde la más chica hasta la más grande

Pon a los alumnos en orden del más bajo al más alto

Coge el libro que no es ni el primero ni el último

Señala la caja que tiene el menor número de lápices

Señala el sábado

Enséñame el lunes, el martes, etc.

Guillermo, coge el sábado, el miércoles y el viernes y ponlos detrás de ti

Coge el domingo… Salta el lunes y coge el martes

Pon el domingo, el lunes, el martes, el miércoles, etc. en orden; en fila

# ANIMALES

jirafa

cabra

ganso

pájaro

gallina y pollito

caballo

canguro

león

mono

ratón

gato

puerco / cerdo/
chancho / marrano/
cochino

conejo

tiburón

oveja

culebra/serpiente

perro

tigre

elefante

ballena

# UNIDAD IX  VOCABULARIO ESENCIAL — LECCIONES 85-93

| Acciones | Sustantivos | | Otros |
|---|---|---|---|
| acaricia (acaricien) | gato(a)(s) | cebra(s) | cercano(a)(s) |
| ladra (ladren) | perro(a)(s) | jirafa(s) | lejano(a)(s) |
| maúlla (maúllen) | mariposa(s) | elefante(s) | |
| relincha (relinchen) | pájaro(s) | camello(s) | |
| grazna (graznen) | pato(a)(s) | culebra(s) | |
| gruñe (gruñan) | pollito(s) | serpiente(s) | |
| cacarea (cacareen) | gallo(s) | mono(a)(s) | |
| | gallina(s) | gorila(s) | |
| | abeja(s) | hipopótamo(s) | |
| | caballo(s) | guajolote(s) | |
| | pez (peces) | pavo(s) | |
| | pescado(s) | pavo(s) real(es) | |
| | conejo(a)(s) | foca(s) | |
| | ratón (ratones) (ratona(s)) | ballena(s) | |
| | ciervo(a)(s) | águila(s) | |
| | venado(s) | vaca(s) | |
| | oso(a)(s) | oveja(s) | |
| | tigre(s) (tigresa)(s) | cerdo(a)(s) | |
| | león (leones) (leona(s)) | puerco(a)(s) | |
| | tortuga(s) | | |

Combine estas acciones nuevas con este vocabulario.

Haga o añada otras combinaciones que usted crea necesarias.

Esta unidad introduce frases que contienen el tiempo pretérito de indicativo. Muchos de los conceptos básicos de Boehm se repasan en esta unidad. Para enseñar esta unidad, usted debe conseguir figuras plásticas de los animales aquí mencionados o, por lo menos, tarjetas con dibujos o fotografías en colores de los animales.

## MANDATOS DE REPASO

Pon el reloj a las 7:30; 8:15; 10:45; (otras horas)

A las 7:30 tú caminarás alrededor de tu pupitre

A las 5 y 20 tú tocarás el libro que está sobre (debajo de) la mesa

A las 10:45 tú saltarás hacia la ventana más cercana

A las 9:05 tú dibujarás un círculo en el centro de la pizarra

## MANDATOS

Señala la cocina pequeña

Señala al gato grande

Dibuja un gato… Recorta al gato… Colorea al gato de negro

Enséñame un perrito… Dibuja un pequeño perrito gordo (delgado)

Pon al perrito que dibujaste en el patio

Dibuja un perro (perra)

Recorta al perro… Sujeta al perro… levanta al perro

Empuja al perro lejos de la casa… Ahora acaricia al perro

Señala al perro que empujaste

Empuja al perrito hacia el lado del perro… Acaricia al perrito

Enséñame el perrito que empujaste

Sujeta al gato y al gatico… Ponlos detrás del garaje

Enséñame el pájaro y el gatito

Coge la mariposa amarilla (verde, azul)

Señala a la mariposa que cogiste

Pon al pájaro al lado de la mariposa que cogiste

## MANDATOS NOVEDOSOS

Finge ser un gato… Agarra al pájaro

Finge ser un perro … Agarra al gato

Pon al pájaro en la parte de arriba (abajo) de la casa

Corre con el gato y salta sobre la cerca

MANDATOS DE REPASO

Salta por arriba del perrito

Párate al lado del perro

Coge al gatico y acarícialo

Dibuja un gato y acaricia al gato

Empuja al pájaro hacia el lado de la mariposa

Sujeta al perrito (gatico) en tus brazos

MANDATOS

Pon al pato cerca (al lado) del agua

Coge al pato y ponlo en el agua

Señala al gallo y ponlo sobre la cerca

Toca al pollito… Frota (Pásale la mano por) la cabeza del (al) pollito

Pon al pollito junto al gatico

Enséñame la gallina y levanta a la gallina

Pon a la gallina junto al gallo

Coge al conejo

Acaricia al conejo; al pato; al gallo; a la gallina

Señala a la abeja… Toca a la abeja… Pon a la abeja encima de la mariposa

MANDATOS NOVEDOSOS

Pon al pato y al pollito y al gallo en el agua… Señala el agua y salta

Pon a la gata debajo del (sobre el) garaje… Empuja a la gata dentro del agua

Pon al gatico sobre la cabeza del gallo… Pon al pato sobre la cabeza del gatico

Coge al pollito y ponlo sobre el pato

Finge ser un gallo y canta como un gallo

Finge ser un pato y grazna como un pato

Finge ser un gato y maúlla como un gato

Finge ser un perro y ladra como un perro

## MANDATOS DE REPASO

Acaricia a la abeja

Coge al pollito (pato) y levántalo; ponlo en el suelo

Sujeta al gallo… Sujeta a la gallina

Pon al gallo al lado de (junto a) la gallina

Coge al pollito y ponlo dentro (debajo de) la caja

Pon al pato blanco (de color café) junto al gran gato negro

Pon al pequeño pollito blanco junto al pato blanco y gordo

(Use los colores y otros adjetivos al describir a los animales.)

## MANDATOS

Enséñame el caballo de color café (blanco, negro)

Toca al cerdo pequeño (grande)

Coge la pequeña (gran) oveja negra

Finge ser un perro y ladra

Señala a la vaca negra (blanca)

Alcánzale el caballo flaco y el cerdo gordo a Juana; otro estudiante

Pon a la oveja gris y a la vaca gruesa en el patio

Señala al pavo… Coge al pavo y ponlo al lado de la vaca

## MANDATOS DE REPASO

Tira a la oveja y a la vaca al agua

Pon al cerdo pequeño sobre la vaca negra

Pon al gato negro sobre tu cabeza y acaricia al gato

Pon al caballo y al cerdo en tu brazo derecho… Pon tu brazo derecho en el agua

Pon al conejo debajo del pavo

Finge ser un caballo… Sacude tu cabeza y relincha

## MANDATOS DE REPASO

Acaricia al pequeño cerdo rosado (de color café, negro)

Señala al gran caballo negro (blanco)

Pon a la oveja junto al caballo que señalaste

Enséñame la vaca negra (blanca, de color café)

Toca al cerdo… Señala al cerdo que tocaste

Camina para atrás hacia la gallina… Ponla sobre (debajo de) la caja

Dale el pavo a _____

Enséñame el pavo que le diste a _____

## MANDATOS

Toca al pez… Pon al pez en el agua

Coge a la abeja y ponla sobre la mariposa

Acaricia al ratón… Señala al ratón que acariciaste

Tírame el pez y el ratón

Coge al conejo… Enséñame el conejo que cogiste

Dibuja un círculo grande alrededor del pez; de la abeja; del ratón

Enséñame el círculo que dibujaste

## MANDATOS NOVEDOSOS

Pon a la abeja y al pez sobre el pavo… Pon al pavo sobre tu cabeza y señala
   tu cabeza

Pon al ratón encima de tu nariz y salta para atrás y para delante

Pon al pez debajo del ratón (pavo) y ríete

Pon al pavo sobre tu cabeza

Finge ser un conejo y come (Actúa de modelo haciendo como comen los conejos.)

MANDATOS DE REPASO

Coge a la abeja… Pon a la abeja encima del pájaro

Pon al ratón en el centro de la mesa; la silla

Dibuja un círculo alrededor del ratón

Señala al pez… Ponlo sobre mi pie

Pon al pájaro detrás del (sobre, junto al, debajo del) pez

MANDATOS

Señala a la tortuga… Acaricia a la tortuga

Toca al venado… Pon al venado en la esquina

Pon al oso a la derecha (izquierda) del conejo

Enséñame el venado y pon al venado detrás del oso

Aléjate del oso y del venado

Coge al león y empújalo hacia adelante (hálalo)

Coge al tigre y empújalo hacia atrás

Pon al tigre en la esquina del cuarto

MANDATOS NOVEDOSOS

Pon al tigre debajo de (más abajo que) la mesa

Pon al venado sobre mi hombro; cabeza; rodilla; pie; nariz

Pon al oso al lado de tu silla; sobre tu mesa

Pon a los tigres en fila y ríete y canta

Pon a _____ en fila detrás de _____ y _____

Finge ser un león y gruñe

Ponles una camisa al león y un sombrero a la jirafa

MANDATOS DE REPASO

Pon al venado, al oso y a la tortuga en fila

Empuja al tigre para separarlo del pez; de la tortuga

Pon al oso detrás de tu cabeza

Dame el venado y salta alrededor de la silla más cercana

Señala a la tortuga y ponla debajo de la ventana (pupitre; mesa) más cercana(o)

MANDATOS

Enséñame la cebra y dásela a _____

Toca al elefante y aléjate del elefante

Señala al camello y acarícialo

Dibuja unos cuantos, no muchos camellos

Coge a la cebra y ponla a la derecha del elefante

Señala a la jirafa grande… Dibuja un par de jirafas

Coge la caja y ponla debajo de la mesa

Pon a la culebra sobre el camello

Dibuja un círculo alrededor de la culebra

Sujeta a la tortuga encima de la serpiente

MANDATOS NOVEDOSOS

Salta alrededor de tu silla y siéntate debajo de ella

Pon la cebra sobre tus hombros y camina alrededor de la mesa con ella

Ponle un par de zapatos a la cebra

Pon al elefante encima del camello… Dale el camello a \_\_\_\_\_ y salta alrededor de la silla con \_\_\_\_\_

Pon a la culebra sobre el elefante y ponlos dentro de la caja pequeña (Déjelos que traten aunque les resulte imposible.)

MANDATOS DE REPASO

Señala a la culebra y ponla en la silla

Pon al elefante en la esquina

Enséñame la cebra y dámela

Sujeta a la jirafa sobre el camello

Coge al oso y ponlo debajo de la ventana

Pon al tigre a la derecha (izquierda) del león

Pon al camello detrás de la jirafa

MANDATOS

Toca al canguro y dale el canguro a _____

Señala al gorila y dáselo a _____

Dibuja un triángulo alrededor del gorila

Enséñame el mono y pon al mono, al gorila y al canguro en fila

Señala al hipopótamo y dibuja un círculo grande a tu alrededor

Enséñame al hipopótamo y dáselo a _____

MANDATOS NOVEDOSOS

(Continúe usando combinaciones con nombres de animales y preposiciones como: cerca de, debajo de, junto a, etc.)

Levanta al hipopótamo y ponlo sobre tus pies; tu nariz, etc.

Acaricia al gorila y al mono

Salta con el canguro alrededor del cuarto

Finge ser un gorila (Sirva de modelo imitando a un gorila.)

Sacude al hipopótamo

MANDATOS DE REPASO

Señala al mono y ponlo debajo (encima, al lado, a la derecha, a la izquierda) del hipopótamo

Enséñame unos cuantos elefantes; cebras; camellos; gorilas

Señala a los tigres (leones) que están separados de los otros

Coge al oso (canguro) y ponlo en la esquina

MANDATOS

Toca al águila ... Enséñame el águila que tocaste

Levanta al águila ... Señala el águila que levantaste

Enséñame el pavo real

Dibuja un círculo alrededor del pavo real

Enséñame el círculo que dibujaste alrededor del pavo real

Toca a la foca negra y empújala dentro del agua

Señala a la ballena

Pon a la ballena en el agua

Enséñame la ballena que pusiste en el agua

MANDATOS NOVEDOSOS

Finge ser un pavo real y camina alrededor del aula

(Sirva de modelo paveándose lentamente.)

# Profesiones y oficios

músico

enfermera

agricultor

fotógrafa

pianista

piloto

policías

cartero

bibliotecaria

soldado

marinero

concerje

profesor

secretaria

desempleado

mesero

escritor

profesora de yoga

# UNIDAD X  VOCABULARIO ESENCIAL — LECCIONES 94-102

Combine estas nuevas ACCIONES con este vocabulario.

| Acciones | Sustantivos | Sustantivos (cont.) |
|---|---|---|
| conduce (conduzcan) | doctor(a)(s) | automóvil(es) |
| maneja (manejen) | médico(a)(s) | tren(es) |
| rasga las cuerdas | enfermera(o)(s) | luz (luces) |
| | dinero | empleado(a)(s) |
| | plomero(a)(s) | dependiente(s) |
| | carpintero(a)(s) | basurero(a)(s) |
| | electricista(s) | chófer(es) |
| | mecánico(a)(s) | menú(s) |
| | jardinero(a)(s) | lista de platos |
| | aspirina(s) | carta(s) |
| | motocicleta(s) | pintor(a)(s) |
| | cocinero(a)(s) | astronauta(s) |
| | camarero(a)(s) | labrador(es) (labradora(s)) |
| | panadero(a)(s) | agricultor(es) (agricultora(s)) |
| | carnicero(a)(s) | campesino(a)(s) |
| | barbero(a)(s) | músico(a)(s) |
| | peluquero(a)(s) | tambor(es) |
| | boleto(s) | guitarra(s) |
| | teléfono(s) | piano(s) |
| | farmacéutico(s) | bailarín (bailarines) (bailarina(s)) |
| | telefonista(s) | avión (aviones) |
| | dentista(s) | |
| | plomero(s) | cohete(s) |
| | bombero(s) | camionero(a)(s) |
| | cartero(a)(s) | nave(s) espacial(es) |
| | (mujer) policía | **Otros** |
| | banquero(s) | gracias |
| | piloto(a)(s) | mientras |
| | fuego(s) | conmigo |

Invente nuevas combinaciones usando este vocabulario y los anteriores. Fíjese en los mandatos novedosos que sus estudiantes han creado.

138

NOTA: Use uniformes, gorras, sombreros y otras prendas y utensilios que ayuden a los estudiantes a "convertirse" en los diferentes trabajadores.

## MANDATOS DE REPASO

Pon a la foca a la izquierda (derecha) de la ballena

Señala a la jirafa alta y al elefante gris

Salta hacia adelante hasta donde está el canguro

Pon tres (dos, cuatro) tigres en fila

Enséñame la ballena que pusiste en el agua

## MANDATOS

Enséñame el doctor … Coge al doctor y ponlo en _____

Señala al dentista … Catalina, finge ser un dentista

Mira dentro de la boca de María y toca sus dientes

Toca al farmacéutico

Pon al dentista al lado del farmacéutico

Pon al doctor al lado de la ventana; la mesa; la silla

Lucía, haz de doctora… Toca la cabeza de Sarah y dale aspirina

Enséñame el dependiente; la enfermera

Pon al dependiente detrás de la mesa

Rosa, finge ser un dependiente… Enséñale una blusa y una falda a Martha…

Martha, dale dinero a Rosa.

Pon una taza de agua al lado de la enfermera

Dibuja un círculo alrededor de la enfermera

Enséñame dinero

Coge el dinero y dáselo a Gloria… Coge el dinero y dámelo a mí… Gracias…

Ahora dale el dinero al policía

## MANDATOS NOVEDOSOS

Dale un perro caliente al doctor; a la mujer policía

(Dígales a los estudiantes que les den a las trabajadores diferentes alimentos y objetos. Al mismo tiempo, añada colores, formas geométricas, tamaños y frases como *pon mala cara, ríete, sonríe, baila, canta,* etc.)

## MANDATOS DE REPASO

Pon al farmacéutico al lado de la dependiente

Colorea al farmacéutico

Alcánzame la aspirina

Pon al doctor al lado de la enfermera

Abraza al doctor y al dentista

Dale el jugo de naranja al doctor

Dale el dinero al dependiente

Dale la aspirina a la enfermera

## MANDATOS

Señala al plomero

Enséñale el inodoro al plomero

Juan, finge ser un plomero… Mira el inodoro y pon mala cara

Coge al carpintero

Dale el martillo (los clavos) al carpintero

Ana, finge ser un carpintero… Dale al clavo con el martillo

Enséñame el electricista… Enséñale la lámpara al electricista

Coge al mecánico… Pon al mecánico en la sala

Pon al mecánico al lado del jardinero

Dale la manguera (el rastrillo, la pala) al jardinero

NOTA: Use uniformes, gorras, etc. y otras cosas que ayuden a los estudiantes a hacer el papel de los diferentes trabajadores.

## MANDATOS DE REPASO

Enséñame al carpintero… Ponlo al lado del plomero

Pon a la plomera al lado del electricista

Pon al electricista al lado de la luz

Abre y cierra la puerta del garaje

Toca la puerta de la cocina

Señala al mecánico y dámelo

Coge al jardinero y dale la manguera (el rastrillo) al jardinero

## MANDATOS

Coge al bombero (bombera)… Enséñame al bombero (a la bombera)

Finge ser un bombero… Echa agua sobre el fuego

Enséñame al cartero (a la cartera)

Jorge, finge ser un cartero… Dame algunas cartas

Toca al basurero

Enséñale al basurero a _____

Enséñame al lechero

Jaime, finge ser un lechero… Toca la puerta y dale leche a Margarita

Margarita, abraza al lechero

Señala al policía (a la mujer policía)

Carolina, finge ser un policía

Sandra, dale el papel al policía

____ , finge ser una mujer policía y toca el silbato

Señala la motocicleta

Pon al policía en su motocicleta

MANDATOS DE REPASO

Finge ser un basurero y recoge la basura

Finge ser un lechero y dame la leche

Enséñame al policía (a la mujer policía)

Pon a la mujer policía entre el lechero y el bombero (la bombera)

Pon al policía en la motocicleta

MANDATOS

Señala al cocinero(a) y a la camarera(o)

Toca al cocinero… Pon al cocinero al lado del horno

Toca en la puerta del horno… Abre y cierra la puerta del horno

Toca el menú

Enséñame la camarera(o)… Dale el plato (el menú) a la camarera(o)

Finge ser un camarero, Josefina… Dale café a Camila… Camila, bébete (tómate) el café y sonríe

Enséñame el panadero… Dale el pan al panadero

Lorena, finge ser un panadero… Pon el pan en el horno

Cristina, finge ser un carnicero… Corta la carne y cuélguela… levántala y sonríe Enséñale la carne al cocinero

Silvia, finge ser una cocinera… Mira la carne, córtala, tócala y pon mala cara

Finge ser una peluquera y córtale el pelo a _____

Pon a la peluquera al lado del peluquero

Finge ser una peluquera… Peina a Josefina

## MANDATOS DE REPASO

Pon la carne entre el carnicero y la cocinera

Dale (Alcánzale) el pan al panadero

Enséñame la camarera y el menú

Señala al peluquero

Toca a la peluquera

Frota la cabeza del peluquero

Corre con el panadero

Dale el dinero al carnicero

## MANDATOS

Coge al chofer del ómnibus y ponlo en el suelo

Dale el dinero al chofer del ómnibus

Levanta a la chofer del automóvil

Enséñale los boletos al conductor del ómnibus

Coge a la telefonista y a su teléfono

Susana, finge ser una telefonista y llama por teléfono

Señala al camionero

Salta para atrás con el chofer y la telefonista

Pedro, finge ser un conductor de tren y conduce el tren

## MANDATOS NOVEDOSOS

Frota la cabeza del peluquero con los pies del panadero

Salta para atrás con el conductor del tren

Salta alrededor del chofer del camión y ríete

Frota tu cabeza con el teléfono de la telefonista

Corre hacia el conductor del tren, abrázalo y dale un boleto

MANDATOS DE REPASO

Corre hacia la telefonista y la mujer que maneja el camión

Salta con el conductor del tren

Dame el chofer del ómnibus

Enséñame el boleto y el dinero

Maneja tu camión (ómnibus, carro, automóvil, coche)

MANDATOS

Toca al pintor… Sujeta al pintor

Coge el sombrero (la chaqueta) del pintor

Enséñame un astronauta

Señala los zapatos (guantes, brazos, piernas, etc.) del astronauta

Dame el banquero

Finge ser un banquero y dame dinero

Señala al banquero que me dio el dinero

Coge al agricultor y siéntate en tu tractor

Finge ser un agricultor

Maneja tu tractor alrededor del campo

Enséñame el agricultor que manejó su tractor alrededor del campo

MANDATOS NOVEDOSOS

Empuja el tractor alrededor del agricultor

Siéntate debajo del tractor y pon mala cara

Pon el overol del agricultor sobre el banquero

Dale el dinero del banquero al pintor alto

## MANDATOS DE REPASO

Finge ser un astronauta, señala hacia arriba y salta

Enséñame el astronauta que señaló hacia arriba y saltó

Dale dinero al banquero

Pon el rastrillo y la manguera al lado del agricultor

Aléjate del pintor (Camina en dirección opuesta al pintor)

## MANDATOS

Señala al músico… Toca al músico

Enséñame el tambor; la guitarra

Da golpecitos en el tambor y en la guitarra… levántalos y ponlos en la mesa

Da golpecitos en la guitarra… Rasga las cuerdas de la guitarra

Toca la guitarra

Sujeta el tambor en tu mano izquierda (derecha)

Enséñame el piano

Finge ser un músico y toca el piano… Toca la guitarra… Toca el tambor

Sujeta la guitarra en tu mano derecha y el tambor en tu mano izquierda

MANDATOS DE REPASO

Enséñame el músico y su guitarra; tambor; piano

Coge el tambor y la guitarra

Toca el tambor y la guitarra

Camina hacia el piano y tócalo

MANDATOS

Camina con el músico y la bailarina

Carlos, finge ser un bailarín… Baila con _____

Ahora baila conmigo

Mientras Karl baila, toca la guitarra; el piano; el tambor

Señala a la pilota… Toca el avión

Pon a la pilota en el avión

Coge al piloto y ponlo al lado del astronauta

Toca el cohete (la nave espacial)… Pon al astronauta en la nave espacial

Enséñame el avión grande (pequeño)

Pon el avión grande, el avión chico y el cohete del espacio en fila

Camina con la pilota hacia su avión

Salta con el astronauta hacia su nave espacial

To obtain copies of

## *Enseñando y aprendiendo español por medio de la acción*

contact
*Command Performance Language Institute*
(see title page)

or
one of the distributors listed below.

### DISTRIBUTORS
of
*Command Performance Language Institute Products*

| | | |
|---|---|---|
| *Carlex*<br>Rochester, Michigan<br>(800) 526-3768<br>www.carlexonline.com | *Midwest European<br>Publications*<br>Skokie, Illinois<br>(800) 277-4645<br>www.mep-eli.com | *World of Reading, Ltd.*<br>Atlanta, Georgia<br>(800) 729-3703<br>www.wor.com |
| *Applause Learning Resources*<br>Roslyn, NY<br>(800) APPLAUSE<br>www.applauselearning.com | *Continental Book Co.*<br>Denver, Colorado<br>(303) 289-1761<br>www.continentalbook.com | *Delta Systems, Inc.*<br>McHenry, Illinois<br>(800) 323-8270<br>www.delta-systems.com |
| *TPRS Nederland vof*<br>Broek in Waterland<br>THE NETHERLANDS<br>(31) 0612-329694<br>www.tprsnederland.com | *Taalleermethoden.nl*<br>Ermelo, THE NETHERLANDS<br>(31) 0341-551998<br>www.taalleermethoden.nl | *Adams Book Company*<br>Brooklyn, NY<br>(800) 221-0909<br>www.adamsbook.com |
| TPRS Publishing, Inc.<br>Chandler, Arizona<br>(800) TPR IS FUN = 877-4738<br>www.tprstorytelling.com | *Teacher's Discovery*<br>Auburn Hills, Michigan<br>(800) TEACHER<br>www.teachersdiscovery.com | *MBS Textbook Exchange*<br>Columbia, Missouri<br>(800) 325-0530<br>www.mbsbooks.com |
| *International Book Centre*<br>Shelby Township, Michigan<br>(810) 879-8436<br>www.ibcbooks.com | *Follett Library Resources*<br>McHenry, Illinois<br>(888) 511-5114<br>www.flr.follett.com | *Tempo Bookstore*<br>Washington, DC<br>(202) 363-6683<br>Tempobookstore@yahoo.com |
| *Follett Educational Services*<br>Woodridge, IL<br>800-621-4272<br>www.fes.follett.com | | *Sosnowski Language Resources*<br>Pine, Colorado<br>(800) 437-7161<br>www.sosnowskibooks.com |